Miley Cyrus

Mon chemin

Miley Cyrus

Mon chemin

avec la collaboration d'Hilary Liftin

Traduit de l'anglais (États-Unis) par Juliette Lê

Michel Lafon

Titre original
Miles to Go

Première publication aux États-Unis et au Canada par Disney – Hyperion Books, 2009

7-13, boulevard Paul-Émile-Victor – Île de la Jatte
92521 Neuilly-sur-Seine Cedex

www.michel-lafon.com

Dépôt légal : janvier 2010
ISBN 13 : 978-2-7499-1176-2
LAF 1200

À mon premier amour ! Au seul homme qui m'ait jamais comprise, à celui qui possédera toujours la clef de mon cœur, à celui que j'ai la chance de pouvoir appeler non seulement mon meilleur ami, mais aussi mon héros, à mon grand-père, dont je chéris la mémoire. Je t'aime pour l'éternité ! Merci d'avoir répondu à mes prières…

Bisous, Miley

P.S. : Tu me manques ! « I Miss You ! »

Avant avant-propos

C'est un peu bizarre d'écrire l'avant-propos d'un avant-propos. Mais comme il s'agit de la réédition complétée de mon livre, autant rafraîchir un peu tout ça.

L'autre jour, j'ai entendu quelqu'un dire : « Les jeunes ne font pas bon usage de la jeunesse. » Je ne me rappelle pas si cette personne était vieille ou jeune ou entre les deux, mais cette phrase m'a frappée et m'a fait réfléchir. Un peu comme quand vous observez un magnifique coucher de soleil et qu'il reste gravé dans votre esprit, vous rappelant tous les autres couchers de soleil de votre vie*. Je ne voudrais pas gâcher ma jeunesse, le temps passe si vite ! Je sais que si je ne ralentis pas, je vais rater le meilleur, et c'est une des raisons qui m'ont poussée à écrire ce livre. *Mon chemin* m'a permis de marquer une pause. C'est l'occasion pour moi de prendre du recul, de reprendre mon souffle et de mesurer tout ce qui m'a été donné.

* Les couchers de soleil, c'est ma vie !

Car je me sens reconnaissante pour tellement de choses…

7 choses que j'ai faites depuis la parution de ce livre

1. Un nouveau CD
2. Un nouveau film
3. Passer du temps avec mes amis et ma famille
4. Enregistrer une chanson avec un vieil ami
5. Voir « Hannah Montana » sur grand écran
6. On m'a offert une chèvre. (Merci Papa !)
7. Je suis devenue accro à Twitter

En ce moment, ma vie est pleine de couchers de soleil, principalement à cause de Tybee Island en Georgie – l'endroit où a été tourné *The Last Song* (*La*

Dernière Chanson). Le film est tiré du livre de Nicholas Sparks*, et le personnage que je joue – Veronica « Ronnie » Miller – ne pourrait être plus différent d'Hannah Montana. J'ai adoré relever ce défi. * Je suis fan !

Le film est magique. À l'image de Tybee Island. Je suis presque sûre que cette île possède une sorte de pouvoir apaisant. Dès mon arrivée là-bas, je me suis sentie tellement bien ! Je m'asseyais sur le ponton, près de la demeure qu'on avait louée avec ma mère, et je buvais du thé en m'émerveillant devant l'étendue d'eau dont le spectacle s'offrait à moi. J'adorais jouer de la guitare dehors, sur le côté de la maison, et me resourcer en observant les dauphins. Je n'avais pas envie de m'arracher à toute cette beauté. Et le moment venu, j'ai pleuré pendant des jours*. Ma mère ne cessait de me répéter que c'était une chance d'avoir pu vivre quelque chose d'aussi magique, une chose incroyable qui allait se perpétuer dans un film et à travers les amis que j'ai trouvés là-bas.* Avec le temps, j'ai fini par accepter, et maintenant je sais qu'elle avait raison. * Je vous raconterai plus tard. * Gros bisous à toute l'équipe !

Cela dit, je n'aurais pas compris cela si je n'avais pas maîtrisé mes émotions. Je m'efforce de garder ces souvenirs dans mon cœur. Je veux pouvoir me les remémorer les jours de pluie ou, des années plus tard, ouvrir à nouveau ce livre. Comme je l'ai dit, je ne veux pas gâcher ma jeunesse, et je ne veux pas non plus qu'elle tombe dans l'oubli.

Bien sûr, il y a des choses que *j'aimerais* oublier. Qui n'a pas un souvenir qu'il souhaiterait effacer* ? Ce n'est pas pour me plaindre, et je ne veux pas jouer la carte de la sympathie ; mais quand vous êtes sous les projecteurs, les gens font en sorte que vous n'oubliiez pas les moments douloureux. Il y a beaucoup de personnes mal intentionnées dans ce vaste monde. Mon père me dit toujours que je dois avoir la peau dure et ne pas me soucier de ce que l'on raconte, mais c'est plutôt difficile. J'aime dire ce que je pense. J'aime faire ce que j'ai envie de faire. C'est ça, être une enfant, et mes parents et mes amis tiennent à ce que j'en sois une le plus possible. Mais parfois les gens disent des choses blessantes. C'est vrai, je ne cherche pas la petite bête, je vous assure ! D'ailleurs, il est possible que je sois en train de m'endurcir, parce que je commence à me rendre compte que je ne peux pas faire plaisir à tout le monde. J'ai la chance que toutes ces opportunités me soient offertes, et j'en remercie Dieu tous les jours.

* vous savez que j'ai raison.

J'ai un autre de ces panneaux de signalisation à planter : je suis à un nouveau tournant de ma vie, et les choses sont en train de changer radicalement. N'empêche, j'ai aimé les couchers de soleil de Tybee Island. Tout ce que j'ai vécu jusqu'ici, je le garde gravé dans mon cœur.

Avant-propos

O.K., cela va vous sembler une étrange façon de commencer, mais mes mains me préoccupent beaucoup. Je suis née gauchère. Mon père est gaucher, lui aussi, et pourtant il est persuadé que je suis droitière. Il dit toujours que les gauchers « apprennent le monde à l'envers » et il a d'ailleurs eu beaucoup de mal à trouver une guitare pour gaucher... Quelle qu'en soit la raison, quand je me suis mise à écrire, il m'a forcée à utiliser ma main droite. Et ça a marché. Pour tout le reste, je me sers de ma main gauche, mais j'écris de la droite. Alors si vous n'aimez pas mon écriture, allez vous plaindre à mon père.

Pour continuer sur le même sujet, je suis tombée un jour par hasard sur un manuel de calligraphie et j'ai appris à dessiner certains caractères chinois. Avec ma main droite. Dans un avion. Pendant un vol Los Angeles-New York. À un moment donné, il y a eu des turbulences. L'encre s'est renversée au moins deux fois. En essayant de réparer les dégâts, j'en ai répandu partout : sur moi, le papier, les sièges de l'avion, et même dans les toilettes quand j'ai voulu tout nettoyer. Ma mère me criait dessus, mais moi j'étais vraiment emballée.

Le terme « calligraphie » vient du grec et signifie « belle écriture ». Croyez-moi, si les Grecs savaient ce que j'en fais, ils inventeraient un autre mot. C'est rapidement devenu une véritable obsession. Je dessinais encore et encore les caractères signifiant « amour », « chance », « vie » et « connaissance », d'abord avec une lenteur appliquée, comme une enfant qui apprend à écrire, puis plus rapidement, et de mieux en mieux.

Mes premiers essais !

Heureusement que l'avion n'était pas équipé pour tracer des lettres dans le ciel, autrement j'aurais probablement demandé au pilote s'il pouvait écrire « trop cool ! ». Il doit bien y avoir un caractère chinois pour ça, non ?

7 passe-temps qui m'ont passionnée plus de 5 secondes

1. La calligraphie
2. La broderie
3. Tricoter pendant deux secondes
4. Faire du scrapbooking
5. Lire la biographie d'Einstein
6. Être une spécialiste en biologie marine
7. La mode

Certaines personnes pensent que notre écriture trahit nos secrets les plus intimes, que ce qu'on griffonne – une simple liste de courses ou une note passée à travers la classe – révèle tout ce qu'il y a à savoir sur notre personne. L'idée est amusante, mais à mon avis la seule chose que l'on puisse dire de mon écriture, c'est que je devrais me servir de mon autre main. Je fais presque tout le reste – me coiffer, ouvrir les portes, tenir ma fourchette et les rênes de mon cheval – de la main gauche. Et vous savez quoi ? Mon père avait raison ! **J'ai tendance à voir le monde à l'envers, même quand j'essaye de regarder dans la bonne direction**.

À cause de ce petit travers, j'ai toujours été très attentive à mes mains. Je sais, je sais, c'est bizarre*. Mais mes mains sont très importantes pour moi. C'est d'elles que je tire mon énergie. Tout ce que je fais, c'est grâce à elles.

* Vous rencontrerez souvent le mot « bizarre » au cours de votre lecture. Et il vous viendra encore plus souvent à l'esprit.

Ma main droite est celle de l'artiste – je m'en sers pour jouer de la guitare et pour écrire. Ma main gauche se charge du reste. Peigner les cheveux de ma sœur, tenir la main de mes amis, caresser Sofie – mon petit chien – avant de m'endormir, et à l'occasion taper sur la tête de mon frère Braison lorsqu'il m'embête. Je sais… mais tout le monde a ses limites !

Je laisse mes deux mains errer sur les touches de

mon piano, cherchant les notes du bout des doigts. Mes mains guident ma pensée lorsque j'écris mon journal. Elles parcourent la Bible révélatrice de vérités. En tambourinant sur une table, elles trouvent le rythme de mes nouvelles chansons. Elles me montrent le chemin dans les moments difficiles. Je veux que mon existence soit consacrée à l'art et à l'amour. Ce que je suis, et ce que je fais, tout l'espoir et la joie que je répands, tout cela vient de mes deux mains.

Suis-je droitière ? Suis-je gauchère ? Ni l'une ni l'autre ? Actrice ou chanteuse ? Suis-je une personne publique ou une personne privée ? Pourquoi pas tout cela à la fois ? Je passe à la télévision. J'écris un livre. Mais j'aime autant rester chez moi en famille. Et dans ma tête, je me sens seule, dans un sens positif. Suis-je celle que vous croyez connaître à travers la télévision, les photos ou même ce livre ? Ou suis-je, comme tout un chacun, indéfinissable, difficile à cerner ? Qui suis-je pour le dire ?

La plupart d'entre vous me connaissent en tant qu'Hannah Montana, mais Hannah est un personnage de série télévisée. Une fiction. Certes, j'y ai investi beaucoup de moi-même. J'ai essayé de lui donner vie. Mais cela ne fait pas d'elle une réalité, et elle n'est certainement pas *moi*. Ceci est mon premier livre, la première occasion qui me soit offerte de raconter mon histoire avec mes propres mots. Mais pour raconter cette histoire, il faut que je parle d'Hannah. Ce n'est pas un problème. Parce que, à mon avis, c'est pour cela que les gens s'identifient à la fois à Hannah Montana et à Miley Stewart – mes alter ego à la télévision. Nous avons tous différentes facettes à notre personnalité. **Il y a ce que nous sommes... et ce que nous pourrions devenir si nous réalisions nos rêves !**

J'ai l'impression qu'on me pose tout le temps des questions sur moi : je réponds à des interviews à la télévision, à la radio et pour des magazines ; je parle à des paparazzi et à des inconnus dans la rue. Je ne cesse de leur répéter (et jusqu'ici ça a toujours été vrai) que la tournée se déroule à merveille, que les tournages se passent très bien, et que je suis super fière de mon nouvel album. Mais personne ne me demande jamais : « Qu'est-ce que tu penses de tes mains ? Quel rôle jouent-elles dans ta vie d'artiste* ? Qu'est-ce qu'elles représentent pour toi ? ». Maintenant, grâce à ce livre, je suis en mesure d'expliquer, plaisanter, flâner, explorer ce qui est vraiment important. Je vais enfin pouvoir répondre aux questions qu'on ne me pose jamais. Je

* Surprise surprise

vais baisser ma garde. Je vais expliquer ce que la musique représente pour moi, et pourquoi ma vie n'est pas toujours rose. Car il ne faudrait pas croire que je n'ai jamais souffert, qu'on ne m'a jamais fait de mal. Je me suis sentie sous pression, rejetée, triste, abandonnée et solitaire. J'ai aussi éprouvé beaucoup de joie et de gratitude. Je souhaite montrer qui je suis réellement et non la jeune star sur papier glacé qui fait la couverture des magazines pour filles. Je suis une enfant de Nashville qui adore Marilyn Monroe, déteste les légumes et a toujours entretenu des idées bizarres à propos de ses mains.

Quand j'ai commencé ce livre, j'avais quinze ans. Lorsque je l'ai terminé, j'en avais seize. Je suis plutôt jeune pour écrire sur ma vie ! Mais je suis considérée comme très jeune pour plein d'autres choses, alors ! Il n'y a pas de mal à être jeune. La jeunesse déborde d'énergie ! On a des tonnes de trucs à dire. J'ai des idées et des opinions à revendre… Bon, d'accord, je n'en suis encore qu'au début. C'est un voyage magnifique. Je fonce à mille à l'heure… Alors j'ai envie de planter une pancarte virtuelle juste là, à cet endroit de ma route, avant que mes impressions disparaissent. Maintenant je vous invite à vous détendre, et j'espère que vous passerez un bon moment en ma compagnie.

Vous voyez,
j'ai fait
des progrès !

ÉTAPE 1

Penser en dehors du bocal

Lyric et Melody*

*Paroles et musique

À une époque, j'ai eu deux poissons rouges. Je les adorais. Je les avais appelés Lyric et Melody. De temps en temps, alors que j'étais supposée écrire, je m'asseyais pour les regarder tourner en rond dans leur bocal. Alors que dehors nos chevaux couraient librement, les deux poissons nageaient dans leur monde de verre pour l'éternité. Ils étaient si beaux ! Je prenais le bocal entre mes mains en me disant qu'il s'y passait quelque chose de merveilleux... La vie dans un bocal.

La vie dans un bocal, c'est un miracle, mais c'est aussi un piège. Lyric et Melody étaient emprisonnés, destinés à tracer indéfiniment le même chemin dans l'eau. Leur territoire ne s'étendrait jamais au-delà. Ils ne pourraient jamais connaître des aventures comme celle de Némo, ni même savoir qui ils étaient. Je pénétrais du regard leur petit monde, cherchant une chanson. *Penser hors du bocal*. C'est ce que je me disais. *Penser hors du bocal*. **Je ne voulais pas rester coincée comme ces poissons, avec toujours le même paysage sous les yeux pendant que je nageais en cercle**. Mais à onze ans, en 6e, il m'était difficile d'imaginer un autre univers que celui dans lequel j'évoluais.

Je n'ai pas toujours été enfermée dans mon petit monde. Et au final, j'en suis sortie. Toutes les histoires ont un début, un milieu et une fin, et celle-ci aussi s'est terminée. Mais je n'ai encore que seize ans – il faut bien l'admettre, ce n'est que « le début ». Alors, vous raconter tout depuis ma naissance, vous décrire les événements majeurs (« J'ai perdu une dent ! J'ai eu dix ans ! J'ai eu un nouveau vélo ! ») jusqu'à mes seize ans, ce n'est pas vraiment de cela que j'ai envie.

Je veux plutôt commencer par la 6e. La dernière année où je ne fus que Miley Cyrus. Je me trouvais à un carrefour – le point de séparation entre ma vie d'avant et ma vie de maintenant.

Pas vraiment la vie en rose

Dire que l'année de ma 6e fut une bonne année serait mentir. En découvrant que les auditions pour les séries à Los Angeles se déroulaient en septembre, pile à la rentrée des classes, je me suis couchée par terre et j'ai hurlé comme une folle pendant une heure. J'allais totaliser deux semaines de retard à l'école ! À l'époque, l'idée de manquer ne serait-ce qu'un jour de classe m'était insupportable*.

* Si seulement j'avais su !

Nous étions tout juste de retour du Canada, des environs de Toronto, où mon père tournait dans la série *Doc*. Pendant plusieurs années, ma mère et lui avaient effectué des allers-retours, mais cet été-là il nous manquait tellement que nous l'avions rejoint.

Ma mère m'ayant donné des cours à domicile, je

revenais à l'école après un an d'absence. Et il n'y avait pas que ça. Je savais que les premières semaines sont celles où tout se met en place : on voit ses professeurs, on se fait des amis, on se rend compte si les fringues qu'on a achetées pour la rentrée conviennent ou sont complètement inacceptables. Des bandes se constituent. **Face aux « cools » et aux « intellos », les branchés musique et théâtre dans mon style se rendent compte qu'il faut unir leurs forces s'ils veulent surnager**. En cas de ratage, on risque de devenir une paria. Une *loser*. Si vous avez galéré au collège, vous comprendrez ce que je veux dire. Si vous n'en êtes pas encore à ce stade, alors… accrochez-vous ! Cela s'arrangera plus tard, je vous rassure tout de suite. Mais bon, vous pouvez bien imaginer que louper quelques jours d'école n'était pas vraiment une bonne idée. Seulement, si je voulais percer dans le milieu artistique – et c'était mon cas –, je n'avais pas le choix.

Terrifiant !

Je ne voulais pas être la fille bizarroïde qui veut devenir actrice.

Je ne m'attendais pas, à mon retour à l'école, à faire partie des filles populaires. La ferme du Tennessee où nous habitions en dehors de nos séjours à Toronto étant plutôt isolée, je n'avais pas de voisins qui auraient pu devenir mes amis. Je jouais avec mes frères et sœurs, et puis voilà. Et j'aimais bien aussi la compagnie de mes parents et de leurs amis.

À l'école, mon trop-plein d'énergie posait également problème. Il m'était impossible de m'asseoir et de me concentrer pendant des heures d'affilée. Personne ne savait comment s'y prendre avec moi. Ce n'est pas par manque de respect, mais je Ne Pouvais Pas Me Calmer. Une année, le jour même de la rentrée, mon professeur me menaça : si je prononçais encore un seul mot, je récoltais une heure de colle. Je me suis tournée vers l'amie assise à côté de moi et j'ai murmuré : « Un seul mot ». Et boum ! Une heure de colle. Pour avoir chuchoté. Mon premier jour d'école. Heureusement, il n'avait pas entendu ce que j'avais dit ; sinon, qui sait ce qui me serait arrivé ?

Au collège, je tenais à être moi-même et je ne le cachais pas. J'avais beaucoup de choses à dire. Je faisais du théâtre et de la musique. J'avais de bonnes notes. Et surtout d'ÉNORMES rêves. Pas des trucs de fille cool, quoi. La plupart des enfants ont peur de ne pas se fondre dans la masse, moi j'avais peur que les gens ne me remarquent pas. Je voulais être unique, excentrique et différente. Mais se distinguer en manquant les premiers jours d'école, ça, ce n'était pas vraiment mon plan.

En tout cas, lorsque je retournai à Nashville pour entrer en 6e – deux semaines après la rentrée scolaire –, mes amis semblèrent contents de me voir, et tout paraissait être revenu à la normale. Je commençai à penser que je m'étais fait du souci pour rien. Mais petit à petit, je perdis mes illusions. Une de mes amies les plus proches, appelons-la Rachel*, et moi, nous prîmes d'amitié pour un groupe de filles de notre classe. Ce n'étaient ni des filles super populaires, ni des garces de première. Je ne savais pas vraiment à quel clan elles appartenaient, et je suis toujours incapable de les catégoriser, d'ailleurs. Mais pour une raison ou pour une autre, je voulais me joindre à leur groupe.

* Ce n'est évidemment pas son vrai nom.

Le premier événement notable fut un incident mineur, un truc vraiment insignifiant. Nous sortions du cours de maths. Alors que je venais de lancer une blague, la meneuse du groupe – appelons-la G., pour Garce – leva les yeux au ciel d'un air exaspéré. Ce n'était que ça, un geste minime… ça n'avait même pas duré une seconde. Mais vous savez bien. En 6e, *tout* veut dire *quelque chose*. Comment j'ai réagi ? En fait je n'ai rien dit… Si vous êtes passé par là, vous comprenez. Mettons que je sorte quelque chose du style « Pourquoi tu me regardes comme ça ? », alors G. aurait trouvé un truc condescendant du genre « Je vois pas de quoi tu parles »… ce qui n'aurait réussi qu'à me ridiculiser. C'était justement ce que je voulais éviter. J'ai donc fait comme si de rien n'était.

Mais il me fallait me rendre à l'évidence. Quelques jours après, en m'asseyant à la cantine, je crus entendre quelqu'un soupirer ! La semaine suivante, je portais une nouvelle veste en jean. J'ai déclaré : « J'adore ma nouvelle veste. » Et une des filles a répliqué « Pas poss' ? », en me coulant un regard qui m'a donné l'impression d'être un petit pois tout ridé qui ramasse la poussière par terre – un reste du dîner de la veille.

Eh oui, c'était la mode, à l'époque !

Là, j'ai senti que ce n'était pas qu'une impression : j'étais bel et bien devenue une paria. Pourquoi mes « amies » se retournaient-elles contre moi ? Je n'en avais aucune idée. Mais bon, c'est comme ça. **Bienvenue dans l'univers infernal de la 6e.**

D'un autre côté...

Vous connaissez le soulagement que procure l'eau fraîche d'une piscine par temps de canicule ? Eh bien, c'est ce que j'ai ressenti à l'instant où, rentrant de l'école après une journée éprouvante, j'ai appris que Disney nous avait appelés. Margot, mon agent, nous annonça qu'ils lui avaient demandé d'envoyer une cassette de chaque fille entre onze et seize ans qu'elle représentait. Ils en voulaient une de moi interprétant le rôle de Lilly, la meilleure amie d'une fille nommée Chloé Stewart dans une nouvelle série intitulée *Hannah Montana*.

Dès le départ, en lisant le script, mes parents et moi savions que le rôle de Chloé Stewart représentait tout ce dont j'avais toujours rêvé. L'alter ego de Chloé, Hannah Montana, était une rock star. Ainsi, l'actrice qui aurait le rôle serait amenée à interpréter les chansons d'Hannah Montana. Chanter *et* jouer. C'étaient mes deux grands rêves. Et si je décrochais le rôle, je n'aurais pas à choisir entre les deux. Après avoir lu le script, mon père ne cessait de répéter : « Ce rôle est fait pour Miley. Miley est faite pour ce rôle. »

Bah ! j'aurais été heureuse de jouer le rôle de Lilly. J'aurais même été contente d'interpréter celui de la plante parlante de Chloé Stewart ! Toujours est-il que nous avons fait une vidéo et que nous l'avons envoyée. Très vite, Disney nous a rappelés en réclamant un deuxième test – et cette fois je devais lire la partie d'Hannah. J'étais survoltée ! Mes cris de joie ont dû effrayer les chevaux qui gambadaient dans les prés. J'étais prête à tout abandonner pour m'installer à L.A. Le seul hic, c'était qu'Hannah était supposée avoir quinze ans, or je n'en avais que douze. Ou presque. Bon, d'accord, j'avais onze ans. C'était un problème. Mais comme ils avaient demandé un nouveau test, alors qu'ils savaient très bien quel âge j'avais, ça ne devait pas avoir trop d'importance.

Sauf que ça en avait. Le lendemain de l'envoi de la cassette, un e-mail nous avertit que j'étais trop jeune et trop petite pour jouer le rôle d'Hannah*. Je me suis sentie nulle. Non, au moins dix fois pire que ça. Mon père a simplement dit : « Disney fait une grosse erreur. Mon intuition me dit que tu es Hannah Montana. »

Tout ce que je pouvais me dire, c'était : « Super, l'intuition paternelle ! Maintenant retournons à notre instrument de torture : le collège. »

* Allô ? Genre ils ne le savaient pas déjà, m'ayant vue jouer Lilly ?

Opération T. M.

Existe-t-il un manuel sur la manière de torturer les filles de onze ans ? S'il n'y en a pas, les filles avec qui je traînais – vous savez, mes « amies » – auraient pu en écrire un. Pendant cet hiver-là, l'opération T. M., « Torturons Miley », a pris chaque jour plus d'ampleur. Elles me faisaient passer des petits mots perfides. Elles volaient mes livres. Elles me mettaient en retard pour les cours. Elles se moquaient de mes vêtements et de ma coiffure. Rachel – vous vous souvenez, mon « amie » du départ – n'avait plus le droit de s'asseoir à côté de moi, sous peine de subir le même traitement. Ainsi, tous les jours, je me retrouvais seule à une table et je regardais les gothiques en me demandant quelle allure j'aurais avec des cheveux noirs et des chaînes. Depuis, j'ai décidé : pas terrible.

Mais cela ne s'arrête pas là : Rachel ne me parlait plus. Lorsque j'ai voulu entrer dans l'équipe des pom-pom girls, mes « amies » sont allées raconter au principal que j'avais triché, que j'avais appris les chorégraphies à l'avance. C'était un pur mensonge, mais le principal l'a gobé, et je n'ai pas eu le droit de participer aux sélections*. Oh... et je n'oublierai jamais comment l'une d'entre elles fut gentille avec moi pendant quelques jours. Elle prétendait qu'elle voulait qu'on arrête de « se bagarrer ». Elle m'a fait dire tout ce que je ressentais à propos de « nos amies » – que je ne comprenais pas pourquoi elles ne m'aimaient pas, qu'elles étaient méchantes avec moi – et puis elle est retournée les voir en leur déclarant que j'étais snob. Elle avait joué la comédie ! Je pense qu'elle aurait pu réussir une carrière d'actrice.

* Au moins, j'avais toujours mon équipe de pom-pom girls de compétition.

Moi : cataloguée loser.

Si vous pensez que ça ressemble à *C'est dur à supporter* de Judy Blum, eh bien, vous n'avez pas tort. J'étais consciente de la faim dans le monde. Je relativisais mes petits problèmes. Mais c'étaient les miens. Et ils pesaient plus lourd sur mes épaules que le destin de la planète. Alors, si vous voulez savoir si j'aimais aller au collège à l'époque, la réponse est non.

Le premier rêve

Heureusement, j'avais des activités en dehors du collège. Jouer la comédie n'en était qu'une parmi d'autres. Par exemple, j'avais commencé les compétitions à six ans, et pendant longtemps ce fut tout pour moi.

C'est ma mère qui m'y avait poussée. Nous vivions dans une grande ferme, ce qui était génial ; mais, comme nous n'avions pas de voisins, il n'y avait pas d'autres enfants avec qui jouer. Cela ne me dérangeait pas. J'adorais les animaux et je m'amusais beaucoup avec mon super grand frère Trace (je l'appelle Trazz), ma merveilleuse grande sœur Brandi, mon petit frère Braison (je l'appelle Brazz) et ma toute petite sœur Noah – lorsqu'elle est venue au monde. Mais ma mère voulait que je me fasse des copines en dehors des chevaux, poules, frères et sœurs. Euh…

pas dans cet ordre. (O.K., peut-être dans cet ordre*…) Et puisque ma maman avait aimé ça quand elle était enfant, elle voulait que j'essaye d'être pom-pom girl.

* Mais je rigole !

Le premier jour, ce ne fut pas terrible. Je suppliais ma mère : « Je t'en prie, je ne veux pas y aller !* » Qu'y a-t-il de mal à n'avoir que des chevaux, des poules et des frères comme seuls amis ? Ils ne me laisseront pas tomber, ils ne se moqueront pas de moi – bon, ils sentent un peu (désolée, Brazz…), mais je m'en fiche. Je ne suis pas difficile.

* Ma mère avait sans doute raison : la ferme vous rend timide.

Ce n'est peut-être pas évident dans ma vie d'aujourd'hui, mais je suis toujours un peu anxieuse lorsque je rencontre de nouvelles personnes. L'idée d'entrer dans une pièce remplie d'inconnus peut m'empêcher de dormir. Bref, je savais que mon papa était de mon côté sur ce coup-là. Il voyageait tellement qu'il aimait bien l'idée d'avoir toujours ses enfants près de lui lorsqu'il était à la maison. Mais maman était têtue, alors j'y suis allée. Et puisque les mères ont souvent raison, j'ai tout de suite adoré ça*.

* Ne lui dites pas que j'ai dit ça !

L'entraînement prenait beaucoup de temps. Vraiment beaucoup ! Je me rendais au gymnase tous les jours. On s'entraînait. On chutait. On répétait encore et encore le même numéro de deux minutes et demie. Lesley et les autres filles devinrent mes meilleures amies, et ma mère se prit d'amitié pour leurs mères. On voyageait ensemble lorsqu'il y avait des compétitions, on dormait dans des motels, on nageait, on s'amusait, on se coiffait et on se maquillait avec l'aide de nos mamans, et les compétitions étaient très éprouvantes. J'y mettais vraiment beaucoup de moi-même.

Pom-pom for ever !

Parfois même un peu trop. Une fois je tombai très malade la veille d'une compétition à Galtinburg, Tennessee. Je n'arrêtais pas de vomir. Vous savez, ces terribles maux d'estomac pendant lesquels même l'eau vous donne mal au cœur ? Oui, j'étais vraiment malade. Mais ça n'allait pas durer indéfiniment. J'étais certaine que j'irais mieux au moment de la représentation. Alors ma maman m'y a emmenée. J'ai passé les quatre heures et demie de voyage allongée sur la banquette arrière, une poubelle à côté de moi, à dormir, puis à vomir, puis à dormir encore. Arrivée à Galtinburg, j'étais toujours dans le même état, mais je voulais quand même participer. Ma coach disait que je n'y arriverais pas. Elle ne voulait pas, mais j'ai insisté. J'ai rassemblé toutes mes forces.

Trente minutes avant le spectacle, je me suis extirpée du lit, douchée, et maman m'a conduite jusque là-bas. Je suis sortie de la voiture, j'ai exécuté le numéro, puis je suis sortie de la scène et j'ai vomi dans une poubelle. Mais je l'avais fait. Et c'est ce qui m'importait.

Après chaque compétition, gagnée ou perdue, maman disait, une fois revenue à la voiture : « Et voilà ton trophée ! » en me tendant un joli petit objet brillant avec mon nom dessus. Bientôt, ma chambre serait remplie de ces trophées. Tous de ma mère, ma plus grande fan*. Je ne les avais peut-être pas tous mérités. Mais celui de Galtinburg, celui-là, je savais que je l'avais *vraiment* gagné.

* Je t'♥, maman !

Un long temps d'arrêt

Lorsque j'allais à l'entraînement, je me sentais au paradis ; c'était le seul endroit où je savais que j'avais des amies, des amies en qui je pouvais avoir une confiance absolue. Ou au moins qui me rattrapaient lorsque je volais dans les airs, ce qui m'arrivait souvent. En revanche, au collège, je ne bénéficiais d'aucun filet de sécurité. Et les choses allaient de mal en pis.

Je ne sais pas comment le Club Anti-Miley s'était procuré une clef des toilettes de l'école, mais un jour, alors que je me rendais à mon cours de sciences, les filles m'ont attrapée et m'y ont enfermée. J'étais coincée. J'ai cogné sur la porte jusqu'à en avoir mal aux poings. Personne n'est venu. J'ai essayé d'ouvrir la fenêtre, mais elle était coincée*. Et puis j'ai pris conscience que tout le monde devait déjà être en

* Note à moi-même : en cas d'incendie, ne pas essayer de s'enfuir par la fenêtre des toilettes.

Berk !

classe. Personne ne viendrait avant au moins quarante minutes. Je me suis donc assise sur le sol en attendant. **J'ai passé à peu près une heure là-dedans, à attendre que quelqu'un vienne à mon secours, en me demandant comment ma vie pouvait être à ce point sens dessus dessous***.

* Pourquoi on n'a jamais de téléphone mobile quand on en a besoin ?

Je regardais autour de moi, la rangée de cabines, les fenêtres infranchissables, et je pensais à mes deux poissons, nageant dans leur bocal, toujours et encore. Comment suis-je arrivée ici ? Est-ce moi qui l'ai cherché ? Est-ce que je l'ai mérité ? Est-ce que ça finira un jour ? Je connaissais les capitales de tous les États des États-Unis. Je pouvais faire un flip arrière sur le trottoir. Mais je n'avais aucune idée de la raison de ce qui se passait là. J'étais sans ami, seule et triste. La seule chose positive, c'était que si j'avais envie d'aller au toilette, j'étais déjà sur place.

L'appel de Disney

Comme si quelqu'un voulait se racheter pour ce qui se passait au collège, quelques jours après mon séjour aux toilettes, j'ai reçu un nouveau coup de téléphone. Cette fois, Disney voulait que je vienne à L.A., afin d'auditionner en personne pour *Hannah Montana*. C'était le milieu de l'année scolaire ! Super ! J'allais pouvoir manquer les cours ! Puis je me souvins de mes engagements auprès de mon équipe de pom-pom girls.

Rater une seule répétition était toute une histoire. La chorégraphie repose sur le fait que tout le monde doit être présent. Après tout, on ne peut pas faire une pyramide sans la fille du dessus. Et c'est encore pire s'il manque une des filles du dessous !

D'une manière ou d'une autre, maman me fit excuser. Je me rendis à L.A., répétant mon texte à ma mère avec anxiété, me dépêchai pour arriver à l'heure à l'audition, pouvant à peine contenir mon excitation. Quand j'ouvris la porte de la salle d'attente, il y avait là une cinquantaine d'autres Hannah potentielles. Je me tournai vers ma maman, elle se tourna vers moi. Nous pensions que j'étais une finaliste. Erreur ! On plaisanta sur le fait qu'il y avait assez de filles dans la pièce pour qu'on puisse leur donner à chacune le nom d'un État, et pas seulement celui du Montana (Hannah Indiana, Hannah Connecticut, Hannah Idaho…). C'est bébête, je

7 endroits où je voudrais aller

1. Les îles Fidji
2. L'Australie
3. L'Italie
4. Hawaii
5. L'Allemagne
6. L'Espagne
7. La Caroline du Nord

sais, mais nous avions *beaucoup* de temps à perdre dans cette salle.

On se serait cru dans la salle d'attente d'un médecin débordé. Sur la table traînaient des vieux magazines, des odeurs bizarres circulaient, il y avait de l'électricité dans l'air – et nous étions toutes sur le point de nous faire examiner. Certaines mamans portaient beaucoup trop de parfum, ce qui me donna immédiatement la migraine. Le seul point positif, c'est qu'il n'y avait aucun vaccin à subir. Pourtant, je savais bien que si je ne décrochais pas le rôle, cela me ferait bien plus mal qu'une piqûre et qu'il me faudrait plus longtemps pour m'en remettre.

Alors que nous patientions, quelques filles et leurs mamans nous jaugeaient du regard. La mienne, de maman, heureusement, ce n'était pas son genre. Elle n'y prêtait pas attention, mais, pour ma part, c'était plus fort que moi. Il y avait tellement de tension… On ne pouvait pas s'empêcher de se demander qui était la plus jolie, la mieux préparée, la plus talentueuse. Je regardais les autres filles à la dérobée. Je n'en connaissais aucune – d'ailleurs, cela m'aurait étonnée. J'avais passé quelques auditions, mais je n'étais jamais allée aussi loin.

La plupart des filles paraissaient plus âgées que moi, et nettement plus grandes. Beaucoup d'entre elles étaient très belles. Avec de beaux cheveux noirs ou de longs cheveux blonds, de magnifiques dents blanches. J'observais la manière dont elles étaient habillées, maquillées, coiffées. Rien qu'à les voir, j'étais persuadée que la plupart d'entre elles pouvaient obtenir le rôle haut la main. Et je m'imaginais qu'elles avaient aussi infiniment plus d'expérience que moi. Je ne me sentais pas à ma place. Les auditions furent les moments les plus angoissants de ma vie. À chaque fois, c'était comme si je passais un examen. Comme j'adore être en représentation, j'étais très excitée, mais je voulais tellement ce rôle que j'étais aussi extrêmement stressée. Pourtant, ce jour-là, la pom-pom girl en moi s'était réveillée.

Ma coach de sport, Chastity, se montrait assez dure avec moi. À Nashville, certains me traitaient différemment parce que j'étais la fille de Billy Ray Cyrus. Ils me rendaient les choses plus faciles parce que mon père était *quelqu'un*. Mais pas Chastity. Si je commettais une erreur, elle me faisait courir comme les autres. Elle était même un peu plus exigeante avec moi. J'avais peur de « voler » – c'est-à-dire de me trouver perchée tout en haut de la figure et de sauter en l'air. Pourtant, elle m'a obligée à travailler très dur. Je n'étais pas la meilleure, et elle ne m'a pas lâchée avant que mon flip arrière soit parfait. Je l'ai répété jusqu'à avoir l'impression d'avoir tourné sur moi-même pendant des heures.

Chastity se fichait du temps que cela me prendrait. Elle était fière de moi tant que je ne laissais pas tomber. Elle disait toujours : « *Impossible* n'existe pas. » Chastity m'a appris que si je voulais quelque chose, je devais travailler dur pour l'avoir. Et je voulais vraiment ce rôle. Pourquoi ces filles de L.A. seraient-elles meilleures que moi ? Quand, enfin, j'ai entendu appeler mon nom, j'étais prête.

Dans la salle d'audition, je me retrouvai face à dix personnes. Je me tenais debout devant elles, dans ma minijupe et mon tee-shirt – tout en Abercrombie. Je voulais que tous se souviennent de moi, je voulais être sûre de me démarquer. Pour une fois dans ma vie, mon important débit de parole allait me servir au lieu de me desservir. Il fallait juste que je reste moi-même et que je ne laisse pas mes nerfs prendre le dessus. On m'a demandé de lire un script, puis de chanter. J'ai chanté une partie de *Mamma Mia !*. Comme dans la plupart des auditions, ils ont dit des choses comme « Tu peux essayer de mettre un peu plus de couleur ? » ou « Relis ça comme si tu étais vraiment agacée par ton frère ». (C'est marrant, j'étais très nerveuse et je n'avais aucune idée de qui étaient tous ces gens en face de moi. Des visages inconnus. Aujourd'hui, comme je travaille avec eux, je les vois tous les jours.)

En sortant, je ne savais pas si cela s'était bien ou mal passé. Et j'étais toujours aussi tendue. La chose la plus stressante dans les auditions, c'est qu'on ne peut pas partir avant de s'entendre dire que c'est fini et que, voilà, on peut rentrer chez soi. On est obligé de poireauter dans la salle d'attente à regarder les autres filles être rappelées ! Faudra-t-il aller leur lire autre chose ou chanter encore une fois ? En plus, on ignore le pourquoi de ce rappel ou de ce non-rappel. Est-ce qu'ils vous ont appréciée ? Est-ce qu'un des membres du jury ne vous aime pas ? Est-ce qu'ils détestent vos cheveux ? Est-ce qu'ils vous jugent trop petite ? Ils ne vous donnent aucun indice.

J'ai fait de mon mieux, mais on est reparties à Nashville sans aucune information. Deux semaines plus tard, j'ai reçu un autre coup de fil. « Tu es finaliste ! » O.K., cette fois, c'était vrai. Peut-être que je pourrais enfin quitter le collège. Je dus m'excuser pour l'entraînement de sport. Pour la deuxième fois. Encore une et je me faisais virer de l'équipe ! Je me rendis à L.A., répétant mon texte à ma mère avec anxiété, me dépêchai pour arriver à l'heure à l'audition, pouvant à peine contenir mon excitation, et quand j'ouvris la porte de la salle d'attente… il y avait dans la pièce une trentaine d'autres Hannah potentielles. Ça vous dit quelque chose ?

Je commençais à me sentir comme une de ces balles attachées à une raquette par un élastique. Chaque fois on me renvoyait pour me rappeler puis me renvoyer à nouveau. Bon, c'était un peu moins dur que ça. Mais j'avais onze ans. Je me sentais comme sur les montagnes russes*. Les visages de ces trente autres filles me renvoyaient à une réalité déplaisante. Je n'étais pas plus avancée. Décidément, j'allais devoir retourner au collège.

* Est-ce une plus gentille métaphore ?

Réaliser ses rêves

J'étais obligée de me rendre à mes cours au collège, mais heureusement j'avais d'autres centres d'intérêt dans la vie. Nous nous entraînions en vue d'une compétition très importante, ce qui me permettait d'oublier, d'une part, les garces qui me menaient la vie dure à l'école, et, d'autre part, la ronde infernale des auditions. Entre 8 heures du matin et 3 heures de l'après-midi, ma vie était un vrai cauchemar. Mais après, au gymnase, je me vidais la tête.

Alors que j'avais abandonné tout espoir, Margot, mon agent, a de nouveau téléphoné. Les gens de chez Disney voulaient me revoir ! Mais qu'est-ce qu'ils fabriquaient ? Ils nous éliminaient une par une, comme dans *American Idol ?* Cette fois, pas de cris, les animaux de la ferme pouvaient dormir tranquilles. Je ne ressentais aucune exaltation, plutôt une sorte de lassitude. J'ai dit à maman que je ne voulais pas y retourner : ça allait encore être la même chose ! Je ne pensais qu'à mon équipe de pom-pom girls. Mon équipe avait besoin de moi. Mon équipe ne me faisait pas faire pour rien des allées et venues à travers le pays. Avec mon équipe, au moins, c'était du solide ! Ma maman aussi en avait assez. Elle disait que ces histoires d'audition la rendaient chèvre. Mais voilà que Margot a ajouté que Judy Taylor, la directrice de casting, lui avait déclaré : « Vous ne pouvez pas laisser tomber maintenant. Ils sont vraiment intéressés par Miley. Ils ont vu beaucoup d'autres filles, mais ils reviennent toujours à elle. »

Si je manquais la compétition, alors je ne ferais plus partie de l'équipe. **Je devais choisir entre mon équipe de pom-pom girls et les auditions**. Jusqu'à aujourd'hui, c'est la décision la plus difficile que j'ai été forcée de prendre. Maman a dit que c'était à moi d'opter pour l'un ou pour l'autre, mais elle voulait que je me rende compte de toutes les conséquences, afin d'effectuer le meilleur choix. Elle m'a dit : « Ma chérie, tu es sûre ? Tu es une fille géniale, mais les chances que tu aies ce rôle sont toujours assez minces. Tu n'as pas d'expérience. On sait déjà qu'ils te trouvent trop petite et trop jeune. Tu as toute la vie devant toi. Si tu y vas, tu vas peut-être sacrifier le sport pour rien. »

L'avis de mon père était bien plus concis : « Il faut que tu y ailles. Ce rôle est fait pour toi. » (Oui, il était vraiment convaincu de son intuition.) Tous les deux m'ont dit de prendre mon temps pour y réfléchir.

7 choses qui m'aident à m'endormir

1. Un CD de Fine Frenzy
2. Lire la biographie d'Einstein
3. Compter
4. Penser à ma famille
5. Répondre à mes e-mails
6. Les réunions
7. Faire des câlins à ma chienne Sofie

J'y ai beaucoup réfléchi. Être une pom-pom girl n'était pas juste une passion parmi d'autres. Cette année-là, c'était ce qui me permettait de survivre. Si j'abandonnais et qu'après je n'avais pas le rôle, il ne me resterait plus rien. D'un autre côté, je n'avais pas envie d'être pom-pom girl toute ma vie ! Il s'offrait à moi une chance que j'aurais été trop bête de laisser passer. Mais j'avais très très peur.

Dans la vie, toute grande chance se présente accompagnée de la peur de l'inconnu. Relever ce défi, c'était comme me laisser tomber de la pyramide en étant sûre que quelqu'un serait là pour me rattraper. Les représentations m'avaient peut-être préparée pour ce moment. **Je savais que c'était bien trop espérer, mais Hannah Montana, c'était le rôle de mes rêves, et il était à ma portée. Je ne pouvais pas abandonner maintenant**. Me voilà donc repartie pour L.A.

Les rêves que l'on fait pour notre avenir sont ceux dont on rêve la nuit. On les a toujours en tête. Ils sont ce à quoi notre cœur aspire. Ils nous font avancer. Il faut accepter la réalité, et avoir un plan de secours, mais il faut toujours croire en ses rêves.

* * *

Cette fois, dans la salle d'attente, il n'y avait que deux autres filles. Une d'entre elles était Taylor Momsen, qui avait déjà joué dans *Spy Kids 2* et qui joue maintenant dans *Gossip Girl*. Elle était magnifique, avec ses longs cheveux blonds. L'autre était âgée d'environ seize ans. Et j'avais presque une tête de moins qu'elles*. Lorsque j'ai été appelée, ils m'ont fait lire plusieurs scènes. Puis j'ai chanté. Je leur ai parlé pour qu'ils « apprennent à me connaître ». Puis j'ai lu d'autres scènes. J'ai chanté d'autres chansons. J'ai chanté des scènes. J'aurais accroché du papier peint habillée d'un tutu si cela avait pu leur prouver que j'étais faite pour le rôle.

* Bref, ça ne se présentait pas très bien pour moi.

C'était une très longue journée qui s'est *finalement* terminée. Maman, ma grand-mère maternelle et moi nous étions installées à l'hôtel du parc d'attraction des studios Universal. Comme ça, si nous nous étions déplacées pour rien, au moins nous aurions quelque chose d'amusant à faire. Après les auditions, nous sommes allées dans un restaurant appelé le Daily Grill. Alors que nous venions d'avoir nos boissons, j'ai renversé la totalité du Dr Pepper de mamie sur ma jupe blanche* !

* Vous voyez, la vie imite les sitcoms qui imitent la vie !

J'étais en train de vider le distributeur de serviettes quand Margot a appelé. Ma maman lui a parlé quelques minutes, puis elle a raccroché et s'est tournée vers moi. « Ils veulent qu'on retourne au studio *immédiatement*, m'a-t-elle annoncé. Ils veulent t'entendre avec une fille qu'ils ont trouvée pour Lilly. Margot dit qu'il faut qu'on se dépêche. » J'ai regardé la grosse tache de soda sur ma jupe. « Oups ! » Je ne pouvais pas y aller comme ça ! En plus, ils nous envoyaient une voiture avec chauffeur ! On a couru à l'hôtel.

Le cœur battant et les mains moites*, j'ai fait un essai avec une fille aux cheveux noirs, très sympathique, qui jouait Lilly. Nous étions super excitées ! C'était nous tout craché ! N'est-ce pas ? À la fin, j'ai cru qu'ils allaient me dire que j'avais le rôle. Au lieu de ça, ils nous ont remerciées, et je suis retournée à Nashville.

* Je sais. Très professionnel.

Au début, je demandais tous les jours à maman de téléphoner à Margot pour savoir s'il y avait du nouveau, mais il n'y en avait jamais. Des semaines ont passé. Nous avons cessé d'appeler.

La cantine

Je n'avais dit à personne au collège que je passais des auditions à L.A., mais mes persécutrices semblaient douées d'un sixième sens, elles se doutaient de quelque chose. À mon deuxième retour de L.A., les filles franchirent la limite. Elles, c'étaient des grandes filles plutôt fortes, et moi j'étais toute petite et toute maigre. Elles étaient capables de me faire mal physiquement. Comme si elles n'étaient pas déjà assez inquiétantes, elles m'ont fait parvenir une lettre de menaces. Si jamais je me pointais à la cantine le lendemain midi… Ah, non, je ne leur donnerai pas la satisfaction de citer leurs mots exacts ! Disons que ce n'était pas très gentil. Je sais que c'est idiot et un peu cliché d'avoir peur de ce genre de choses. Mais faites-moi confiance, ces filles-là ne rigolaient pas.

J'ai décidé de garder toute cette souffrance pour moi. Je ne voulais pas montrer que j'avais peur, ni à ces filles, ni à mes amis, ni à mes parents. Je n'ai jamais pleuré*. Je n'ai jamais rien dit à mes parents. Et j'ai tout essayé. Parfois, je tentais de me défendre. Ou je leur faisais des excuses. Ou alors je détournais simplement la tête. Et je me sentais seule en permanence. Mais ce soir-là, après avoir reçu la lettre, j'ai senti que l'opération Torturons Miley était passée à une vitesse supérieure. C'était plutôt du genre opération *Écraser* Miley. J'avais tellement la trouille que j'ai appelé une amie pom-pom pour lui raconter. Est-ce que je devais me faire excuser pour maladie ? Ou bien ne pas aller déjeuner ? Ou bien m'armer d'une bouteille de ketchup, prête au combat ?

* Je veux dire, en public.

À peine avais-je raccroché que mon père entra dans ma chambre. Il s'assit au bord de mon lit et me dit qu'il avait tout entendu. J'ai levé les yeux au ciel*. Mon père voulait savoir ce qui se passait. Je lui ai montré la lettre et lui ai dit à quel point j'avais peur. Je l'ai supplié de ne rien faire. S'il le disait à maman, elle appellerait le principal. C'est *ce* genre de mère. Et c'en serait fini de moi. Mon père m'a écoutée et m'a dit qu'il comprenait. Puis il a ajouté : « Tu sais que je dois le lui dire. »

* Il faut croire qu'à force de voir des garces...

J'ai suivi papa et j'ai dit à ma maman : « Maman, si tu dis quoi que ce soit, je ne te parlerai plus jamais ! ». Mais je voyais bien que, dès que je serais au lit, mes parents allaient en discuter.

Le lendemain, je suis allée à la cantine sans savoir à quoi avait abouti leur conversation. Qu'est-ce que je pouvais faire d'autre ? Si je me cachais ce jour-là, il faudrait quand même affronter les garces le lendemain. **On aurait dit un téléfilm pour ados à propos de la pauvre fille qui subit des mauvais traitements à l'école. Mais au lieu d'un *happy end* avec pour moralité qu'il faut toujours faire face à l'adversité, cela finirait par mon exclusion du monde pour toujours… une ado sans amis**.

Dès que je m'assis à ma table (vide comme d'habitude), parfaitement bien située dans le coin des *losers*, trois filles se levèrent et se dirigèrent vers moi. Mon estomac fit un bond. Je m'accrochai à mon sandwich comme si c'était la main de ma meilleure amie. En fait, c'était à peu près ça, à ce moment-là. C'en était fini de moi.

Elles ont commencé à m'insulter, puis m'ont ordonné de me lever*. Je ne savais pas quoi faire. À quelques tables de là, la mère d'une des filles nous

* Vous savez, dans le genre : « Viens te battre ! »

observait. Une maman ! Et elle riait*. Je n'en pouvais plus. Je n'étais pas lâche. Et que pouvaient-elles contre moi ? Il y avait du monde. Alors, je me suis levée. Elles avaient toutes au moins une tête de plus que moi*. « C'est quoi le problème ? Qu'est-ce que je vous ai fait ? »

* Est-ce que j'étais entrée dans une autre dimension ?

* Pourquoi est-ce que je suis plus petite que <u>tout</u> le monde ?

Avant qu'elles puissent passer de la parole aux actes, le principal est arrivé. « Les filles ! » Une seule exclamation du principal, et tout le réfectoire laissait échapper un « Oh ! »*. Quel embarras ! Quel soulagement !

* Du genre : « T'es dans le pétrin ! »

Apparemment, maman avait finalement contacté le principal. Au début, elle avait pensé que ce n'était pas grand-chose, qu'après tout ce n'étaient que des filles, mais mon père avait insisté : « On ne sait jamais. De nos jours il se produit des drames dans les écoles. » Bien sûr, maman a flippé. Et après coup, j'étais bien contente qu'elle s'en soit mêlée*. Je ne sais vraiment pas ce qu'elles auraient pu me faire, avec une de leurs mères surveillant les opérations. Le principal nous a convoquées et nous a forcées à « faire la paix ». Comme s'il s'agissait d'une dispute à propos d'un stylo, alors qu'il était acquis que c'était un cas de persécution injuste.

* Gardons ça pour nous.

Il n'y avait ce jour-là que trois filles contre moi. Mais les autres avaient savouré le spectacle. On me taquinait tout le temps parce que mon papa était connu. « Ton père a produit qu'un seul tube dans sa vie. Tu feras jamais mieux. » Je les ignorais. Je savais que mon père était satisfait. Elles trouvaient peut-être puérile l'admiration que j'avais pour lui (pour moi, c'est l'homme le plus admirable de la terre !) ou mon ambition d'être chanteuse et actrice. Peut-être percevaient-elles mon manque d'assurance. Peut-être était-ce pour cette raison qu'elles me repoussaient. Toujours est-il que je ne sais pas, et ne saurai sans doute jamais, ce qui les dérangeait chez moi. D'ailleurs, cela ne m'intéresse pas.

Je n'en veux pas vraiment à Rachel* de sa trahison. Elle ne m'a jamais fait de mal. Franchement, je pense qu'elle souffrait de ne plus pouvoir me parler. J'aime à penser que je n'aurais jamais fait ça, mais elle avait probablement aussi peur que moi de ces nouvelles « amies ». La seule différence, c'est qu'elle souffrait à *l'intérieur* du groupe, et moi à *l'extérieur*.

* C'est encore un pseudonyme.

Souvent, c'est ma foi qui me réconforte, me guide et m'apporte des réponses. J'ai donc ouvert ma bible, comme je le fais encore souvent, et je suis tombée sur ce psaume.

Psaume 25 : 1-6

ÉTERNEL ! J'ÉLÈVE À TOI MON ÂME.

MON DIEU ! À TOI JE ME CONFIE : QUE JE NE SOIS PAS COUVERT DE HONTE ! QUE MES ENNEMIS NE SE RÉJOUISSENT PAS À MON SUJET !

TOUS CEUX QUI ESPÈRENT EN TOI NE SERONT POINT CONFONDUS ; CEUX-LÀ SERONT CONFONDUS QUI SONT INFIDÈLES SANS CAUSE.

ÉTERNEL ! FAIS-MOI CONNAÎTRE TES VOIES, ENSEIGNE-MOI TES SENTIERS.

CONDUIS-MOI DANS TA VÉRITÉ, ET INSTRUIS-MOI ; CAR TU ES LE DIEU DE MON SALUT, TU ES TOUJOURS MON ESPÉRANCE.

ÉTERNEL ! SOUVIENS-TOI DE TA MISÉRICORDE ET DE TA BONTÉ ; CAR ELLES SONT ÉTERNELLES.

Après la convocation chez le principal, la menace était passée, mais j'étais toujours seule. Mes nombreuses auditions à L.A. m'avaient privée du réconfort du sport. Je ne faisais plus que survivre. J'ai commencé à traîner avec des gamins plus âgés que moi, en essayant d'oublier, mais la bande de pestes continuait à me mener la vie dure. Le collège était devenu un enfer. Je ne tournais jamais le dos pour ouvrir mon casier sans être sûre de qui m'observait. J'étais toujours sur mes gardes lorsque j'allais aux toilettes, ou simplement quand j'arrivais au bout d'un couloir. Je ne me sentais jamais en sécurité.

Au fond de l'océan
Bottom of the Ocean

Vous vous souvenez des mes poissons Lyric et Melody ? Piégés dans leur bocal ? Eh bien, un des deux est mort. Je crois bien que c'était Melody. J'étais très contrariée. Je sais, c'est bizarre d'être aussi attachée à un animal qu'on ne peut même pas caresser, mais les poissons, c'était mon truc. Puis ma mère m'en a offert un autre. Dissonance aurait été un nom parfait pour lui. Il a rapidement mangé Lyric*. Après ça, je n'ai plus trop aimé les poissons. J'en avais assez de la loi du plus fort.

* un coup dur !

Mes petits favoris n'étaient plus, mais ils m'avaient appris quelque chose. Depuis, chaque fois que je veux écrire une chanson, je me dis « Pense en dehors du bocal » ! C'est un aide-mémoire qui me permet d'avancer – et de ne pas voir le monde à travers une paroi de verre.

Bottom of the Ocean, au départ, parle de Lyric et Melody. Mais au fur et à mesure de l'écriture, la chanson a commencé à déborder de cette simple histoire de poissons*. Je parlais de rêves, de petits amis, de parents décédés, de relations bafouées. La chanson raconte que si vous aimez quelqu'un, mais que pour une raison ou une autre vous ne pouvez plus l'aimer, il faut saisir ces sentiments et les laisser s'abîmer au fond de l'Océan. Les cacher là, dans le seul endroit où on ne pourra jamais les retrouver. *Bottom of the Ocean* est une chanson d'« adieu », une chanson d'amour. On ne croirait pas qu'elle parle de poissons. Enfin, sauf pour ce qui est de l'Océan.

* Qu'ils reposent en paix.

Mes amies étaient devenues des ennemies… même ma meilleure amie. Je n'avais aucune idée de ce qu'elles n'aimaient pas chez moi, ni de ce qui aurait pu arranger les choses. Je ne trouvais pas ma place. Où s'en allaient-ils ? Je veux dire le respect, l'amitié, l'amour ? Impuissante, perdue, flottant sans but, je ne voyais pas la fin de ma dérive. Alors j'ai fait ce dont je parle dans la chanson. J'ai mis toute ma peine et ma souffrance là où personne ne les trouverait, au fin fond de mon océan intérieur*.

Et puis j'ai reçu un dernier appel de Disney.

* Dissonance ? Il est passé vite fait dans les toilettes.

Ciao,
les losers !

L'appel

Verre brisé

N'avez-vous jamais pensé que vous devriez
tout recommencer,
Être quelqu'un d'autre et tout reprendre de
zéro ?
Parfois, ne vous semble-t-il pas
Que vous regardez à travers du verre brisé
Un avenir cassé, un passé dévasté ?
Que les « si » ne vous retiennent pas.
Ce sont vos jours et vos rêves.
Soyez le soleil qui brille,
Non les nuages assombrissants.
Vous pouvez changer le monde,
Et y apporter la lumière.

Je ne voudrais pas imiter Susie Sunshine, mais quand on est prêt à aller de l'avant et à serrer les dents, alors les nuages s'écartent pour laisser place au beau temps. Pour moi, il y a eu un coup de téléphone.

J'étais sur mon portable* avec Patrick, un de mes plus vieux amis. Nous venions de découvrir iTunes, et il me faisait écouter de la musique sur son ordinateur. Il s'agissait de la chanson *I Can't Take It* de Tegan et Sara. Je n'oublierai jamais ce moment. Le téléphone sonna dans la cuisine, et ma maman décrocha. Elle laissa échapper un cri tellement strident que je crus que quelqu'un était mort. Puis, quelques secondes plus tard, elle hurla : « Tu l'as eu ! Tu l'as eu ! ».

* Mes parents avaient cédé et m'avaient accordé quelques minutes de communication.

Ce que j'avais « eu », c'était le rôle d'Hannah ! C'est étrange et enivrant d'obtenir enfin ce dont on a longtemps rêvé. Comme c'est très rare, quand ça nous arrive, on a le cerveau qui devient un peu... *Waouh ! attends, mais qu'est-ce qui se passe ?* Il est tentant de se demander quelle en est la face cachée et de réfléchir à tout ce qui doit être désormais accompli. Mais en voyant ma maman si heureuse, qui sautait de joie – oui, oui, elle faisait des bonds sur place –, j'ai accepté la nouvelle comme une bonne chose. Mon cerveau a reçu l'ordre de se taire. C'était génial ! J'avais un rôle ! Un personnage que j'adorais ! J'allais chanter et jouer. C'était trop parfait. Réalisant ce que tout cela signifiait, je me suis mise moi aussi à sauter et à crier. Le pauvre Patrick était toujours en ligne. Il a dû penser qu'une tornade était en train de détruire notre maison.

Maman a passé la matinée à répondre au téléphone et à annoncer la nouvelle d'un ton enthousiaste. C'était comme si j'avais joué au Loto et gagné le gros lot. Sauf que cela avait été un Loto très lent, plein d'embûches et de souffrances, avec un séjour bien trop long aux toilettes. Je n'oublierai jamais cette épreuve. Ni cette fille que vous connaissez maintenant. La fille sans amis, toute seule à la table de la cantine et qui essaie simplement de survivre, mais que les autres viennent quand même embêter ! Je sais, une partie de vous-même voudrait voler à son secours, mais l'autre moitié est bien contente de ne pas être à sa place. Cette fille, c'était moi. Et c'était horrible.

Avec ce rôle, c'est toute ma vie qui a basculé d'un seul coup. J'allais de l'avant, laissant derrière moi ce passé douloureux, mais je n'abandonnais pas la bataille pour autant. La pauvre victime du collège, dans un sens, c'était toujours moi. Grâce à elle, je restais capable de compassion. Elle me permettait de ne pas entrer en conflit. D'être encourageante. D'être là pour les autres lorsqu'ils en avaient besoin. Mon père aime me rappeler la troisième loi de Newton : pour toutes les actions, il y a une réaction exactement opposée. Tous les malheurs que j'avais subis cette année (manger toute seule à la cantine, m'enfermer dans ma chambre à écrire des chansons) étaient dans la balance. Et la balance de ma vie était en train de retrouver un équilibre.

Pour toute action, il y a une réaction également opposée. On ne sait jamais en quoi elle va consister, mais si on garde les yeux ouverts, on peut s'en douter.

Je vois cela comme une réalité.

Un seul coup de téléphone venait de surcompenser ce qui avait pu se produire au collège. Toute cette agitation et ces cris, ces grands gestes de joie. (Mon père a juste souligné : « Tu vois ? Je te l'avais dit. Ce rôle est pour toi. ») Je m'étais rendue à L.A. pour voir Disney au moins quatre fois. D'abord, j'étais trop petite. J'étais aussi trop jeune. Ils cherchaient une fille plus grande. Ou plus âgée. Ou avec une plus jolie voix. Ou avec plus d'expérience. Ou bien tout ce que je viens de citer. Ils avaient vraiment essayé de trouver une autre fille que moi pour le rôle. Toute l'année, j'avais rêvé du rôle d'Hannah et lutté contre une bande (bon O.K., trois) de pestes. Âgée de onze ans au début des auditions, j'en avais maintenant douze*. Et aujourd'hui, de manière incroyable, presque impossible, j'avais le rôle.

* Toujours pas très grande, mais bon…

Mon plus grand rêve venait de se réaliser. Mais bizarrement, maintenant que j'étais en plein dedans, mon enthousiasme ne portait pas sur ce que j'allais accomplir, ni sur le chemin qui s'ouvrait devant moi. Il portait sur ma libération et ma fuite. Je ne me disais pas : « Super ! J'ai un rôle chez Disney ! Enfin je vais devenir quelqu'un ! Je vais devenir une star ! ». Mais si j'avais l'impression que le rôle d'Hannah Montana m'ouvrait tout grand le monde, c'était surtout pour fuir cette terrible année de collège. Il fallait que je quitte Nashville avant le lycée. Alors, quand Disney a appelé, c'était comme si Dieu était venu me sauver de la noyade. Ma première pensée (après tous les cris et les hourras) fut : *Cool ! Je suis libre !*

Chloé Stewart

Vous imaginez être la fille la plus détestée de votre école, celle qu'on persécute et que l'on torture, puis vous vous retrouvez dans les studios de Disney à auditionner des dizaines de filles qui souhaitent interpréter le rôle de votre meilleure amie à la télévision*... La Lilly avec qui j'avais joué quelques mois plus tôt – celle avec des cheveux noirs et pour qui je m'étais dépêchée d'aller changer ma jupe maculée de Dr Pepper –, je ne l'ai jamais revue.

* Je sais, trop cool !

Pendant les auditions des candidates, maman se lia d'amitié avec plusieurs personnes de chez Disney. Elles plaisantaient sur le fait que mon papa était un bel homme. Et ma maman a dit comme ça, en l'air, que ce serait amusant qu'il joue le rôle de mon père dans la série. Tout le monde s'est alors tourné vers elle en disant : « Pourquoi pas ? ».

Maman m'a prise à part pour en discuter. J'étais ravie à l'idée de pouvoir travailler avec mon père, mais j'avais peur que, s'il obtenait le rôle, les gens pensent qu'il avait été sélectionné en premier, et que je n'étais là que grâce à lui*. Papa nourrissait la même inquiétude. « Ce rôle est fait pour toi. Et si je gâchais tout ? »

* Avec tout ce que j'avais enduré !

Mais nous voulions vraiment que notre famille reste unie. Mon père travaillait au Canada depuis très longtemps. Et il ne cessait de faire des allers-retours. Si la série était un succès, il me faudrait emménager à L.A. Toute la famille me suivrait-elle ? Comment allions-nous faire ? C'est alors que maman a dit : « Eh bien, on a déjà compris que le rôle d'Hannah Montana est fait pour toi. Et si le rôle du père d'Hannah était fait pour Billy Ray ? ». Il fallait laisser le destin décider…

Ils avaient déjà réduit la sélection à deux pères potentiels pour moi – ou plutôt pour Hannah Montana. Papa y fut ajouté. Il est entré, a jeté un œil sur les deux acteurs puis, désignant le plus beau d'entre eux : « Engagez celui-là. Faites de la série de ma fille un succès ! ». Mais Disney l'a rappelé pour qu'il fasse un essai.

Me trouver à une table de conférence à ses côtés relevait de la science-fiction. Enfin, je veux dire, c'était mon papa ! On riait tous les deux. On s'est serré la main, ce qui était étrange. Puis on a chanté (je crois que c'était une chanson de mon père : *I Want My Mullet Back*). Maman était dans la pièce d'à côté. Elle m'a par la suite raconté qu'elle avait entendu les autres dire des trucs du genre « Papa, c'est pas ça, ta réplique ! » et des éclats de rire. Mais apparemment, c'est pendant la chanson que les deux autres se sont regardés : « On est cuits. »

Et ils avaient raison. Papa a eu le rôle. Nous qui cherchions une solution pour garder la famille soudée, voilà que ça nous tombait du ciel. Nous verrions plus tard pour les rumeurs sur qui avait eu le rôle grâce à qui. Pour l'instant, nous étions très heureux de nous trouver réunis.

Le fait que mon papa soit dans l'équipe était cool. Mais les autres acteurs avaient été choisis eux aussi. Chloé Stewart (l'alter ego d'Hannah Montana) a un frère, Jackson (Jason Earles) et deux meilleurs amis, Lilly (Emily Osment) et Oliver (Mitchel Musso). Et pour être honnête, au début, je n'étais vraiment pas à l'aise avec eux. Emily avait déjà tourné dans plusieurs publicités, dans des séries et dans le film *Spy Kids*. Mitchel avait fait quelques séries et films, dont *Life is Ruff*, un film de Disney Channel, il connaissait donc déjà la maison. J'avais tourné euh… dans quelques épisodes de la série de mon père, *Doc*, et articulé une ou deux répliques dans un long métrage… une seule fois – en Alabama. Je n'avais jamais joué dans aucune comédie. **Alors me voilà essayant d'être marrante, de jouer, de chanter, de danser et d'avoir l'air cool, tout en répétant que ce n'était pas mon père qui m'avait eu le rôle, faisant ami-ami avec mes camarades, la perruque blonde d'Hannah Montana perchée sur ma tête la moitié du temps**. Et vous savez quoi ? En un rien de temps, tout cela m'a semblé beaucoup plus naturel que ma vie au collège.

Oh ! et à propos de Chloé Stewart… Ça ne vous dit rien, n'est-ce pas ? C'est parce que, vous voyez, mon vrai nom est Destiny Hope Cyrus*. Mais tout le monde m'appelle Miley. Le nom du personnage était Chloé Stewart. Son alter ego s'appelait Hannah Montana. Résultat, cela faisait vraiment trop de noms. Ils ont donc laissé tomber Chloé et ont appelé

* Je vous raconterai ça plus tard.

le personnage Miley Stewart. Cela perturbe certaines personnes. Pas moi. Je suis Miley pour de vrai. Miley à la télé – sauf quand je suis Hannah. Le seul endroit où je ne suis pas Miley, c'est sur mon certificat de naissance, qui est maintenant faux, puisque j'ai légalement fait changer mon nom. Et quand viendra le jour, mon permis de conduire portera le nom de Miley !

Hannah quoi ?

En enregistrant le pilote, Disney me fit savoir qu'il y avait, euh… encore une toute petite chose qu'ils voulaient que je fasse. Un concert*. C'est ça ! Ils voulaient que je chante en concert en tant qu'Hannah Montana, devant une foule de gens qui n'avaient aucune idée de qui j'étais… *avant* même que la série soit diffusée*. Quand le jour J est arrivé, j'étais très nerveuse. Certes, j'étais allée en coulisse, et même de temps en temps sur scène, aux concerts de mon père. Mais là, c'était une tonne de chansons, des danseurs, des accessoires et des changements de tenue. Et pas de papa. Toute l'attention était sur… moi !

* ???!!!

* ?????????
!!!!!!!!

La foule qui s'amassait dans le Glendale Centre Theatre – à deux pas des studios Disney – n'avait aucune idée de ce qu'elle allait voir. Les gens savaient juste qu'ils allaient écouter une inconnue nommée Hannah Montana et qu'elle avait quelque chose à voir avec une production Disney. Et que c'était gratuit. Je suis sûre que certains d'entre eux aimeraient remonter le temps pour vendre leurs tickets à prix d'or.

Pas que j'approuve ce genre de comportement.

Je n'arrivais pas à croire qu'il y ait tant de monde. Qui voulait voir chanter une inconnue ? En commençant, j'avais peur de faire un flop – et je me sentais stupide de me croire déjà une star, alors que personne ne me connaissait. C'était tellement bizarre ! Entre les chansons, je murmurais dans le micro « Je reviens », et je me faufilais comme une petite souris jusqu'à ma maman et aux producteurs pour leur demander si je faisais tout bien comme il fallait.

Puis, au moment où je chantais *Pumping up the Party Now*, j'ai senti que le public était avec moi. Il avait l'air heureux d'être là. Cela m'a permis de faire une pause (dans ma tête, bien sûr, car je continuais à chanter !) et de comprendre ce qui m'arrivait. Le caractère étrange de ce concert n'avait plus aucune importance. *J'étais heureuse. J'étais vraiment heureuse.* À partir de là, je commençai à vraiment entrer dedans. J'appris plus tard que Gary Marsh, président de Disney Channel, s'était tourné vers maman en disant : « Elle a vite pris le pli. »

À la fin du concert, le public était debout, et il criait, il hurlait : « Han-nah ! Han-nah ! Han-nah ! ». J'ai couru sur le devant de la scène. J'ai touché des mains. J'improvisais. Je me sentais tellement bien ! **Je ne rêvais pas. Cet instant était bien réel**.

Une partie de ce concert est toujours utilisée pour la série, comme si c'était à chaque fois un nouveau concert. Ils se servent de la séquence où je chante *Pumping up the Party Now* en pyjama* dans le générique ou pour promouvoir la série.

*Hannah a tellement grandi qu'il ne serait plus question qu'elle chante accoutrée de cette manière.

Après cela, le pilote était terminé. Puis on m'a posé un appareil dentaire…

Papi

Avant de revenir à mes dents, je voudrais vous parler de mon grand-père. Au moment de l'enregistrement du pilote, mon père faisait des allers-retours entre le plateau d'*Hannah Montana* et le chevet de papi. Vous l'aurez compris, il s'agissait de mon grand-père paternel. Il était atteint d'un cancer du poumon très avancé, mais je gardais en mémoire tous les beaux souvenirs que j'avais de lui pendant que je travaillais. Je savais qu'il était heureux que je puisse réaliser mon rêve.

Papi possédait un chalet à Cave Run, dans le Kentucky. Un des endroits les plus beaux au monde. Le matin, il faisait griller du bacon, racontait ce que les chiens avaient fait ou ce que les voisins avaient dit.

Nous, les enfants, avions chacun notre chambre à

l'étage. Chaque fois que nous lui rendions visite, je me précipitais dans ma chambre pour me trouver nez à nez avec un vieux tapis en peau d'ours, la tête de celui-ci y étant toujours attachée. Chaque fois, j'avais une peur bleue. Mais il était comme ça. J'adorais son sens de l'humour. J'aimais aussi son odeur. Il portait un déodorant bon marché – toujours le même ; je le garde près de moi aujourd'hui en souvenir de lui.

C'était la maison du bonheur. Nous y avons vécu tant de bons moments ! Par exemple, je changeais le message du répondeur, « Allô, merci d'avoir appelé mon papi », puis je faisais un bruit se rapprochant de celui d'une locomotive – *tchou tchou tchou* – et ajoutais : « Je l'aime et j'espère que vous l'aimerez aussi. » (Si vous l'aviez connu, c'est sûr, vous l'auriez aimé.)

La maison se trouvait à proximité d'une montagne creusée d'une grotte. La journée, papi nous aidait, moi, Brazz et Trace (ma sœur Noah n'était pas encore née), à chercher des fleurs et à dénicher des chauves-souris. Papi était un grand enfant. Quand on partait à la pêche*, il allait si vite dans sa vieille voiture que mon père restait loin derrière, incapable de le rattraper. Mon père est plutôt prudent sur la route (sauf en motocross ou en quad).

* Enfin... j'ai résisté jusqu'au moment où mon pied est resté coincé entre les planches du pont et qu'on a dû m'en extirper avant que le poisson-chat ne m'ait dévoré les orteils. Après ça, la pêche, c'était plus trop mon truc.

7 choses que mon papi disait souvent

1. Plus tu marches dans la merde, plus ça pue
2. La persévérance est à l'homme ce que le carbone est à l'acier
3. Quand c'est bon pour les uns, c'est bon pour les autres
4. Où que tu ailles… c'est là que tu es
5. Un temps d'essai n'est pas une pause
6. Tu es siphonnée du bocal

et ma préférée : 7. Je t'aime

Papi avait la voix rauque, un peu comme la mienne, et l'estomac capricieux – comme s'il venait perpétuellement d'avaler un énorme repas. Il débitait toujours des proverbes qui ne voulaient souvent rien dire, mais moi j'y croyais (en général). Quand je parlais de quelqu'un qui me mettait en colère, il me disait « Plus tu marches dans la merde, plus ça pue » ou bien « Lorsque tu l'as mis K.-O., tu n'as pas besoin d'arbitre ». (Ça, c'est ce qu'il disait à mon papa parce qu'il avait été boxeur.) Lorsque je portais quelque chose comme... un chapeau et que je lui demandais « Papi, tu l'aimes, mon chapeau ? », s'il ne l'aimait pas, il répondait : « Bien sûr, j'aimerais en avoir deux comme ça, un pour avoir l'air vraiment craignos, l'autre pour le cacher. » Et mon père ajoutait : « Oui, moi aussi. » Et moi je répondais : « Je ne vois pas du tout de quoi vous parlez. » Et ça n'avait pas d'importance, c'était le meilleur grand-père dont on puisse rêver.

Papi a toujours été bon public. Lorsque j'étais petite – cinq ou six ans –, je m'amusais à descendre l'escalier à la manière d'une meneuse de revue en chantant *Tomorrow*, extrait de la comédie musicale *Annie*. Papi applaudissait et sifflait, puis me demandait de recommencer. Et je ne m'en privais pas. Je jouais aussi du piano lorsque je me trouvais dans cette maison. Je n'ai jamais pris de leçons, mais j'aimais bien – et j'aime toujours – laisser courir mes doigts sur les touches. Papi appelait ça jouer « les gouttes de pluie ».

C'est pour tout cela que j'ai écrit la chanson *I Miss You*. Il était si malade… Je savais qu'il était mourant, c'était terrible. Je n'imaginais pas la vie sans lui. C'était très dur d'écrire là-dessus. Je travaillais avec Wendi, une très bonne amie de maman, mais cela me tuait. Je n'en pouvais plus. « Je ne peux plus écrire, dis-je. Il faut que j'arrête. » Mais je savais ce que j'avais sur le cœur, et ma plume a trouvé comment l'exprimer. Finalement, la chanson a été terminée. Je voulais vraiment que papi l'entende avant de mourir. Je n'ai jamais pu la lui chanter en chair et en os, mais, avant la fin, mon père lui en a passé un extrait, et j'aime à penser que cela lui a donné de l'espoir, tout autant qu'il continue à m'en donner.

Il disait qu'il ne voulait pas mourir avant la première diffusion d'*Hannah Montana*, mais il nous a quittés deux jours avant. Il a quand même pu visionner une cassette du pilote. Je sais qu'il était fier de moi.

Dans le Sud, un enterrement, c'est comme un mariage. Tout le monde se pointe avec des grands chapeaux et des commérages pour venir présenter ses condoléances. C'est comme une réunion de famille. Aux funérailles de papi, je ne voyais rien d'autre que mon grand-père. Le cercueil était ouvert, et je voulais toucher sa main une dernière fois. D'un autre côté, je n'avais pas envie de me souvenir de lui ainsi. Alors je suis restée à distance. Ce moment me hante encore.

Après la mort de papi, je n'arrêtais pas d'y penser. Si vous avez perdu un grand-parent, vous comprendrez. Il me manquait. Il me manque toujours. Je l'ai pleuré. Je le pleure toujours. Je n'arrêtais pas de penser à notre promesse d'aller, ma sœur Brandi et moi, avec lui à King's Island (le parc d'attractions). Je ne m'habituais pas à l'idée qu'on ne pouvait plus se parler au téléphone. Il y avait un message de lui sur notre répondeur, et je n'arrêtais pas de l'écouter, comme si chaque fois je le faisais revenir à la vie.

Puis j'ai fait un rêve. C'était papi, et il me demandait de passer à autre chose. Il m'a dit : « Je ne peux pas partir si tu me retiens de toutes tes forces. Tu ne peux pas laisser ma mort t'empêcher de vivre ta vie. » Quand je me suis réveillée, ses mots étaient encore si présents dans ma tête que j'avais l'impression qu'il venait juste de quitter la pièce. Par habitude, j'allai écouter le message enregistré sur le répondeur. Il n'y était plus. Il avait disparu, avait été effacé. Il flottait maintenant dans le néant. C'était comme si papi m'avait envoyé un signe.

Papa a repris certaines expressions de papi, par exemple : « Quand c'est bon pour les uns, c'est bon pour les autres. » Et j'ai compris que je pouvais laisser papi partir en paix. Quoi qu'il arrive, il sera toujours avec nous d'une certaine manière.

Tout est possible

Ce n'est pas parce qu'on avait tourné le pilote que tout était gagné pour *Hannah Montana*. Plusieurs personnes importantes devaient encore approuver le projet. Si c'était le cas, alors il serait « choisi ». Cela impliquerait d'autres épisodes et une diffusion à la télévision, ce que nous désirions tous.

Lors de notre retour à Nashville, on nous annonça qu'*Hannah Montana* avait été choisi et que nous avions treize épisodes à tourner. Disney me voulait à L.A. dans exactement une semaine. Une semaine ! Ma mère ne souhaitait pas que toute la famille déménage avant d'avoir trouvé un endroit correct. Elle ne tenait pas à ce que cela apparaisse comme un sacrifice pour mes frères et sœurs. Elle est comme ça. Ce n'est pas le genre à se laisser impressionner par Hollywood. Elle pense toujours à notre bien-être. À nous assurer la stabilité et une vie normale. Sur Internet, elle a acheté la plus petite maison possible à La Cañada. Comme ça. Comme s'il s'agissait d'un tee-shirt aperçu dans un catalogue. Elle est tellement moderne, maman. !

Littéralement !

En arrivant à L.A., nous sommes tout de suite allés remercier Disney. Après un déjeuner avec mes agents, nous nous y sommes rendus en voiture décapotable. Mon père et moi, on fait souvent du quad autour de la ferme, un peu à la sauvage. Là, c'était vraiment le contraire. N'avais-je pas du style dans ma décapotable ? Une star de la télévision, en route pour aller remercier ses producteurs. Sauf que quand je suis entrée dans le bureau de Gary Marsh, il m'a regardée d'un air horrifié : « Qu'est-ce qui s'est passé ? » Le voyage m'avait complètement décoiffée – en plus, mes cheveux avaient été teints en blond bizarre. J'avais perdu deux dents. Et, ah oui, j'avais un appareil dentaire. Des bagues. Ce n'était pas très joli à voir. Je suis donc vite descendue de mon nuage.

Ma chevelure a fini par retrouver sa couleur brune. On m'a enlevé mes bagues. On m'a donné une sorte de dentier qui me permettait de cacher les trous en attendant que mes dents d'adulte s'alignent comme il faut.

Je l'appelais « mon flipper ».

Ce fut mon premier avantage en tant que star : avoir une excuse pour me débarrasser de toute cette ferraille.

Après mon look, il y avait encore quelques détails à régler. Il fallait me constituer une garde-robe. J'ai passé toute la première saison dans un studio à enregistrer. Oh ! et il fallait qu'ils me fassent fabriquer des perruques. Celle que je portais pour le pilote n'était pas géniale. Désormais, j'allais en avoir des sur mesure, parfaitement adaptées à la forme de ma tête. Si vous n'avez jamais connu ce type d'essayage, croyez-moi, ce n'est pas fameux. On vous flanque sur le crâne une sorte de bonnet de bain, sauf qu'on dirait plutôt un collant ; on vous met du Scotch dessus jusqu'à ce que ça devienne rigide, et on utilise ça en guise de moule.

Le rêve de toutes les filles : avoir une perruque !

Cette épreuve passée, la série pouvait commencer. Peu de temps après, il y eut une fête en l'honneur de la première. Emily et moi portions toutes les deux des robes noires. On était vraiment impatientes de découvrir à quoi ressemblait la version définitive du pilote, celle que tous les téléspectateurs de Disney allaient voir.

L'épisode était bien meilleur que ce à quoi je m'attendais. Vous savez, on récite la même phrase six fois, soixante fois, mais on ne sait jamais laquelle de ces prises ils vont garder, ni quel son sort de votre bouche, ni de quoi on a l'air. Vous enregistrez une chanson en studio, et vous ne savez pas ce que donne le play-back. Mais nous étions là, sur l'écran. Moi, mon père, et tous mes nouveaux amis. Je dois dire, on avait l'air géniaux ! J'ai vécu ce moment comme un grand bonheur, et rien ne pourra jamais me le faire oublier.

Le lendemain, je suis allée avec ma tante dans un parc d'attractions. On ne pensait plus à la série. On n'avait aucune idée des résultats d'audience. Le fait que les gens avaient vu mon visage à la télévision ne nous a pas effleuré l'esprit. Bref, on faisait la queue pour les montagnes russes lorsque six filles d'environ treize ans se sont précipitées sur moi en me demandant un autographe*. Dans ma tête je faisais : O.U.I. Oui ! Et j'ai lancé un « Bien sûr ! » avec tellement d'enthousiasme que je pense avoir effrayé mes premières fans (qui étaient plus grandes que moi). J'ai alors compris qu'*Hannah Montana*, ce n'était pas seulement un nouveau job. Il y avait des téléspectateurs pour nous voir. Des gens réels, qui me reconnaissaient dans la rue. Je n'étais plus uniquement Miley Cyrus. J'étais aussi Miley Stewart et Hannah Montana. C'était bizarre. C'était cool. Et j'avais douze ans.

* Non, non, vraiment.

Vous avez déjà fait des essais de signature sur vos cahiers ou lorsque vous êtes au téléphone ? Moi oui. J'ai des pages et des pages recouvertes de mon nom accompagné de toutes sortes de fioritures. Je savais comment écrire mon nom, mais quel message voulais-je transmettre à ces filles, mes toutes premières fans ? J'ai repensé à ce que j'aurais voulu entendre lorsque je me trouvais dans cette pièce au milieu de cinquante Hannah Montana potentielles. À ce que j'aurais voulu qu'on me dise alors que j'étais seule, assise sur le sol, enfermée dans les toilettes, au bout du rouleau. À ce que mon poisson aurait voulu comme mots après la mort de son colocataire. Et j'ai trouvé ce qu'il fallait écrire. Alors j'ai pris mon temps pour ces six premières signatures, parce que je voulais qu'elles soient parfaites.

Tout est possible

ÉTAPE 2

Deux mondes

Amazing Grace

Bon, je crois que je suis prête à vous parler du tout début. C'est dur de se replonger si loin en arrière quand on est une vieille bique comme moi. Ça fait siiiii longtemps.

Notez bien le ton sarcastique...

Je sais que j'ai l'air de m'être transformée en *Hannah Montana* en un clin d'œil. N'allez pas penser que je n'étais pas sur mon petit nuage. Et j'avais aussi un avantage. Petite fille, j'avais déjà fait l'expérience des *spotlights*. Quand j'étais enfant, j'étais l'ombre de mon père. Il aimait bien m'avoir auprès de lui. Alors quand il partait en tournée (mon père a toujours été un chanteur, ce n'est que plus tard qu'il a commencé sa carrière d'acteur), il voulait que je sois à ses côtés. Et il avait pas mal de succès. Il me prenait sur ses épaules devant des centaines de personnes. J'ai voyagé en hélicoptère, en jet, en bus, en limousine. Parfois j'allais sur scène pour chanter *Hound Dog* avec lui, et il paraît qu'on avait du mal à me faire quitter la scène après ça. Après chaque concert, je courais ramasser les fleurs, les bracelets et les soutiens-gorge que jetait la foule. Puis nous en faisions don à l'hôpital. Enfin, sauf pour les soutiens-gorge. Ils me servaient de hamac pour mes poupées.

Quand j'avais deux ans, mon père m'a emmenée à un hommage à Elvis Presley. Priscilla et Lisa Marie Presley avaient organisé cet événement – diffusé à la télévision – à la Pyramid, un stade de vingt mille places à Memphis. Plusieurs stars étaient invitées à chanter : Aretha Franklin, The Jordanaires, Eddie Rabbitt, Bryan Adams, The Sweet Inspirations, Tony Bennett. Vers le milieu du spectacle, ce fut au tour de mon père. Il chantait *One Night with You*. Moi j'étais en coulisse avec mamie, habillée d'une robe à frou-frous. Puis, pour le grand final, il a commencé à chanter *Amazing Grace*, et les autres chanteurs sont venus sur scène pour se joindre à lui.

C'était une version blues-rock, dans le style de Memphis. Je ne sais pas si je me souviens vraiment de ce moment, ou si on me l'a tellement raconté que j'ai fini par m'en recréer une image, mais je ne tenais plus en place. J'ai quitté mamie et j'ai couru sur la scène. Papa me raconte que les Sweet Inspirations m'ont attrapée et soulevée bien haut, en regardant le public. **J'étais donc là, participant pleinement, m'imprégnant de l'esprit de ce chant, de la musique et d'Elvis, comme les autres – devant des milliers de personnes !**

Les Sweet Inspirations m'ont passée aux Jordanaires, qui m'ont passée à Eddie Rabbit – le jeu de la patate chaude version célébrités... J'agitais la main vers le public et je semblais adorer ça. La dernière personne à me tenir fut Tony Bennett – la célébrité coincée avec la patate chaude... À la fin de la chanson, il m'a rendue à mon père et, en le regardant droit dans les yeux, il lui a dit : « Vous avez une petite fille très spéciale. » Quand il raconte cette histoire*, il dit que Tony Bennett a dit ça comme s'il le pensait. Comme s'il avait dit : « Mon vieux, elle a vraiment quelque chose de spécial. Un certain charisme. Elle est très communicative. » C'est mon père tout craché. Toujours en train d'embellir les histoires en ma faveur.

* Genre tous les jours !

Je ne sais pas quoi dire à propos de Tony Bennett, mais ce que je sais, c'est que je n'avais vraiment pas peur de la scène. J'étais avec mon père, j'aimais la musique et je me sentais bien – comme si la scène était un puzzle et que j'étais la pièce manquante. Ou peut-être que c'était moi le puzzle, et que ma pièce manquante, c'était d'être sur scène. Bref, tout ce que je sais, c'est que j'étais beaucoup plus à l'aise là-bas qu'ici en train d'essayer de trouver des métaphores !

La chasse aux lapins

Mes premiers souvenirs musicaux ne se résument pas à la scène. Du plus loin que je me souvienne, j'ai toujours baigné dans la musique. Le père de papi, c'est-à-dire mon arrière-grand-père (E. L. Cyrus) était un pasteur de l'Église évangélique. En plus d'être législateur de l'État du Kentucky, papi (Ronald Ray Cyrus) a fait partie des Crownsmen et a toujours chanté du gospel. Ma grand-mère (Ruthie Cyrus) était elle aussi musicienne. Elle chantait et jouait du piano. De plus, à la maison, la guitare de mon père n'était jamais très loin. Mon père, mon oncle et mon grand-père entonnaient souvent *Little Red Caboose* ou *Douce Nuit*. Au moment de Noël, on entendait résonner des chants dans toute la maison.

En grandissant, j'ai vu passer chez moi de nombreux amis musiciens de mon père. Je me suis tenue sur les genoux de Waylon Jenning pendant qu'il chantait *Good-Hearted Woman*. Quand j'avais dix ou onze ans, Ed King* m'a montré les accords de *Sweet Home Alabama* sur ma première guitare.

* Le guitariste des Lynyrd Skynyrd. Qu'est-ce que vous dites de ça ?

La musique, c'est l'amour de ma vie. Elle permet de fuir la réalité. La musique vous transporte dans une autre dimension, un lieu surprenant et plein de symboles.

Un jour, Johnny Neel* est venu nous voir. Mon père et moi l'avons emmené faire une petite promenade sur une colline environnante. Nous marchions lentement parce qu'il était aveugle. Il avait une canne et me tenait la main. Lorsque nous nous sommes assis en haut, il a dit : « Ce doit être magnifique ici. J'aimerais tellement pouvoir voir à quel point c'est beau ! » Je ne m'en souviens pas, mais mon père m'a raconté que je lui ai répondu : « Écoute le vent. Tu peux entendre la voix de Dieu dans le vent. » Et comme il ne bougeait pas, j'ai ajouté : « Mets ta tête

* Un ancien clavier des Allman Brothers.

près de l'herbe pour l'entendre. » Alors il s'est mis à quatre pattes, il a posé son oreille sur le sol et a dit : « C'est vrai. »

Mon père raconte tant d'histoires sur moi et ses amis musiciens… Ma préférée, c'est celle avec Carl Perkins*. Il avait amené ses chiens de chasse de Memphis pour les promener avec papa. Mon père et lui ne chassaient pas vraiment. C'est juste qu'ils aimaient bien regarder les chiens suivre la piste des lapins. J'avais six ans, mais je les ai accompagnés. J'allais toujours avec eux.

* Le pionnier du rock. Vous savez, Blue Suede Shoes !

Alors que ses chiens avaient disparu, ayant flairé un lapin, Carl s'est tourné vers moi : « Ma chérie, je veux que tu te souviennes de cette journée. Ton père et moi, on n'a pas de fusil, mais on adore chasser les lapins. Souviens-toi bien que la chasse aux lapins, c'est exactement comme la musique. » Ne comprenant pas ce qu'il voulait dire, j'ai demandé : « Comment ça ?

– Ce qui compte, ce n'est pas de tuer le lapin, c'est le plaisir qu'on retire de la chasse. »

Mon père dit qu'il se souvient de cet instant comme si c'était hier – les chiens hurlant, et moi, Carl Perkins et lui attendant leur retour. Mon souve-

Papa, maman et moi, le nouveau-né. Quelle famille !

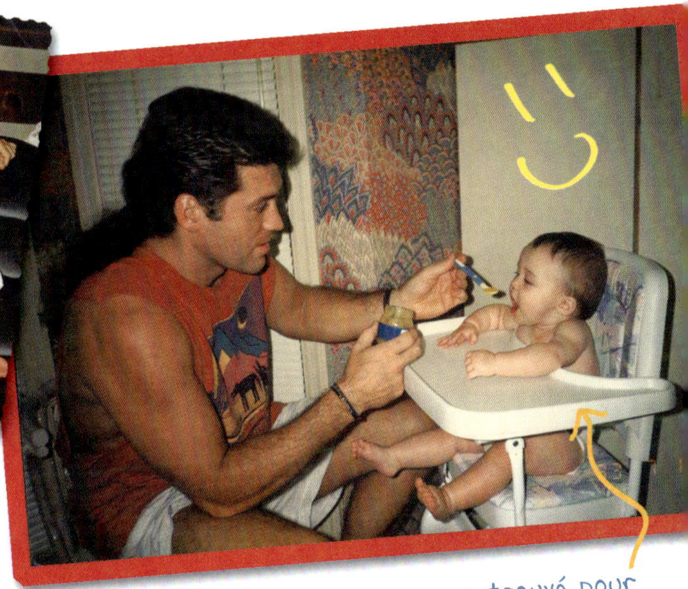

Le seul moyen que papa a trouvé pour me faire avaler des légumes : m'attacher sur une chaise haute.

Ma petite boîte à musique. Parfois j'aimerais toujours pouvoir y entrer.

Dans le jet de papa : la vie de rock star à deux ans avec mes deux plus grands fans : papa et mamie.

PAPI, mon héros !

Trace et Brandi ; moi, Braison et papa : sérénité...

J'ai deux ans !

Moi et mon meilleur ami, Willie Nelson. Je l'ai emmené partout dans cette poussette.

Me voici avec Trace (numéro 2) à un match de base-ball. Il m'a frappée avec sa batte ce jour-là (par accident bien sûr !).

Destiny Hope Cyrus : meilleure écolière du mois. Maman était si fière.

Tellement cool !

Maman et moi
à une compétition
de pom-pom girls.

Je suis tombée
de ce mur un peu
plus tard !

Moi et Noah :
qui est qui ?

Love

Passage de flambeau !

Un voyage à Disneyland du temps où je devais faire la queue... Et <u>payer</u> mon ticket.

Braison et moi : rebelles.

Liens familiaux !

Cette scène est
le théâtre de mes
meilleurs souvenirs !

Un voyage à Los Angeles pour tourner un pilote en 6e !

La vie s'accélère ! Un moment à moi avant l'entrée sur scène.

Rencontrer mes fans à New York City ! Quel fun !

nir n'est pas aussi clair, mais je sais que c'était un moment important de ma vie.

Aucune de ces anecdotes ne peut me définir. Ce n'est pas cela qui m'a poussée à devenir actrice ou musicienne. Mais les jours ont passé. D'autres petits moments se sont ajoutés, jusqu'à créer du rêve. Un coucher de soleil, une promenade et quelques mots pleins de sagesse. **C'est à travers nos expériences que nous nous construisons**.

Hannah et Lilly

Les événements de mon enfance avaient peut-être joué en ma faveur, mais aucun ami de mon père n'était sur le plateau pour me donner des conseils. Si une série télévisée représente tout un monde, au départ, nos rapports entre acteurs étaient les mêmes que ceux que l'on peut trouver dans une classe de lycée. Jalousie. Bagarres. Amitié. Amour. Tout cela, à une différence près : nous n'étions que trois.

Emily, Mitchel et moi avons presque le même âge. Trois n'est pas vraiment le chiffre idéal. À un moment ou à un autre, il y en a un qui se sent comme la cinquième roue du carrosse. C'est inévitable quand on est trois. Mitchel et moi, on s'est tout de suite bien entendus. On est tous les deux aussi fous et débordants d'énergie, à s'amuser et à dire tout ce qui nous passe par la tête. On a même été un peu « amoureux ». C'était mignon.

De son côté, Emily est plutôt réservée. C'est une jolie fille, très athlétique. On était un peu en compétition ; c'est ça, deux filles sur un plateau. Je ne faisais pas vraiment d'effort pour arranger les choses entre nous. Enfin, j'aurais bien aimé, mais je ne savais pas trop comment m'y prendre. Je ne me suis jamais aussi bien entendue avec les filles qu'avec les garçons. Après tout, j'avais enduré l'opération Torturons Miley, menée par une bande de pestes, pendant une année entière.

Emily et moi, on tentait de s'entendre, mais ça finissait toujours en dispute. On est tellement différentes ! Elle est de L.A. Je suis du Sud. Elle est obstinée. Je ne le suis pas… mais je suis tellement peu obstinée que je m'obstine à ne pas être obstinée. C'est une fille intelligente. Je me sentais idiote. Un jour, dans notre salle de classe, le professeur ayant quitté la pièce, on s'est mises à se hurler dessus. C'était tellement horrible, et on était tellement énervées qu'on en a parlé à nos parents. Les deux familles se sont réunies et ont essayé de calmer le jeu. Après cela, quelques semaines ont passé sans incident. Mais ça n'a pas duré.

D'habitude, sur un tournage, personne ne s'énerve si on se trompe dans le texte. Pas nous. Dès que l'une de nous se trompait, l'autre soupirait d'exaspération. Dès qu'une prise était terminée, je disais : « Bon, on a fini ? », ou elle disait : « On peut y aller ? ». Il n'y avait aucune chaleur entre nous, aucune alchimie. On était censées être les meilleures amies du monde, mais aucune de nous ne pouvait supporter l'autre. Le producteur a fini par nous dire qu'il fallait résoudre ce problème. Je crois qu'on a souvent tendance à oublier que nous sommes encore jeunes. Certaines personnes se demandent pourquoi on se comporte comme on le fait. Toute cette mesquinerie, ces drames et ces crises d'acné – je vous raconterai plus tard. C'est normal ! On vit un moment difficile ! On est dans le conflit en permanence. C'est ça, la difficulté de faire une série sur les adolescents.

Je voulais qu'Emily soit mon amie. Après tout, mon père jouait le rôle de mon père. Jason Earles, qui jouait Jackson, était pour moi comme un grand frère. La série me donnait l'impression de se dérouler dans la réalité, et il fallait que ma relation avec Lilly s'améliore. Ce n'était pas une obligation – le show-business, c'est comme ça –, mais j'étais un peu déçue.

Parfois, je me disais qu'on n'arriverait jamais à s'entendre. C'est que nous ne parvenions pas à nous comprendre.

Et toi

Écrit pour Emily

« J'essaye d'être courageuse
Et je prie pour la paix
Parce que je sais que je me trouve…
Sous les spotlights
Je me vois sur la scène
La foule me regarde
Jouant de la guitare
Je suis une superstar
Mais ce dont j'ai vraiment besoin,
c'est de TOI. »

Moi, Mitchel et Emily nous passions de plus en plus de temps ensemble. En fait, on était coincés ensemble. Alors on a trouvé un moyen de s'entendre. Au-dessus du plateau, il y avait une étroite passerelle. C'était délicat d'y monter. Elle était assez haute. Il fallait se tenir, sinon on risquait de tomber… et de mourir. Les producteurs devaient être contents de ne plus nous avoir dans les pattes. Ils se fichaient de savoir où on était. Pour eux, c'était : « On ne voit rien. On ne sait rien. Cela ne nous concerne pas. »

On s'y asseyait pour déjeuner, et pendant une heure nous étions comme perchés dans une cabane, au-dessus de nos jobs, de nos devoirs et de nos parents. Nous étions tous dans la même situation – nous avions beaucoup de chance. On travaillait comme des adultes, mais c'était parfois difficile d'agir comme tels. En témoignent mes conflits avec Emily. Mais là-haut, nous étions comme des enfants normaux. Il n'y avait plus de pression, et Emily et moi pouvions nous entendre. Nos personnages s'accordaient si bien ! Pourquoi ce ne serait pas le cas dans la vraie vie ? Malgré tout, je crois* qu'au fond de nous on s'appréciait énormément. Mais il nous a fallu du temps avant de devenir amies.

* Je sais.

Papa et moi

En revanche, entre papa et moi, cela fonctionnait parfaitement. Tous les ados ont les mêmes problèmes avec leur père. On veut un nouveau téléphone, mais il refuse de nous donner l'argent pour l'acheter. Ou bien il nous empêche d'aller voir un film parce que nous devons travailler. Ou vous êtes jaloux quand il se met à écrire des chansons avec les Jonas Brothers. (O.K., peut-être que celle-là ne concerne pas tout le monde.)

Les auteurs d'*Hannah Montana* inventaient toujours des histoires très adaptées à la relation que j'avais avec mon père, parce qu'elles relevaient typiquement d'une relation classique parent-adolescent. Et en nous observant, ils ont repris certains traits de nos personnalités. Les personnages sont désormais encore plus proches de nos vrais

« nous ». Par exemple, il m'appelle « poussin ». Il m'appelle tout le temps « poussin » ou « mon petit poussin » dans la vraie vie. Et certaines expressions du Sud viennent de mon père.

Ils ont aussi trouvé le moyen d'utiliser certaines de ses chansons dans la série. *Ready, Set, Don't Go* est un morceau qu'il a écrit lorsque j'ai eu le rôle. Il n'avait pas encore été choisi. Toute la famille était sur le point de partir pour Los Angeles. Il nous a regardés nous en aller, heureux de voir que mon rêve se réalisait, mais triste que je m'en aille si loin, que je grandisse si vite. Quel père n'a jamais éprouvé ce sentiment ?

Un an plus tard, on faisait tout un épisode autour de cette chanson. Cet épisode a eu un succès fou, et *Ready, Set, Don't Go* est devenu notre chanson fétiche. Bien sûr, il ne pensait pas du tout à ça en l'écrivant. Il ne faisait que vivre sa vie et exprimer ses émotions à travers la musique, tout comme moi.

Plus le temps passait, plus nos vies et nos personnages se mêlaient. Et c'était très bien comme ça.

Le spectacle continue

Je m'attendais à être plutôt stressée par mon nouveau travail, mais en fait il était bien moins terrifiant que toutes les auditions qui l'avaient précédé. Personne n'était là pour me juger. Je ne jouais pas mon avenir à chaque instant. De plus, ce n'était pas du direct. Si ce n'était pas bien, nous pouvions recommencer. Ce n'était pas un problème. C'est sûr, je suis encore un peu angoissée de temps en temps. Mais c'était là que je voulais être. Je travaillais en équipe, afin d'offrir au public la meilleure série possible.

Au début, il y eut des moments un peu étranges. Par exemple, c'était un peu bizarre qu'on choisisse pour moi mes petits amis. Je ne participais pas aux castings. J'arrivais donc le lundi matin pour travailler, et on me présentait mon nouveau petit copain. « Euh, salut. »

Les scènes de baisers… bah, on peut penser que c'est étrange d'embrasser quelqu'un qu'on connaît à peine, mais ils ne paraissent pas réels. Aucun des deux ne prend la chose au sérieux. Ce n'est que notre job. J'embrasse de la même manière que je fais semblant d'être somnambule ou que je fais mine d'être dégoûtée devant le placard de Jackson. Bon, j'admets que j'étais un peu excitée quand j'ai appris que Miley allait embrasser Jake. Je trouvais Cody Linley super mignon. Et puis j'ai adoré lorsque, dans la saison 2, Jesse McCartney fait une apparition. Je suis une énorme fan.

Vers la fin de la première saison, des superstars comme Dolly Parton, Brooke Shields, et Vicki Lawrence sont venues sur le plateau. J'aurais dû être intimidée. Mais c'était notre série. Elles étaient là où nous passions notre vie. Je m'y sentais bien. Presque tout le temps. Enfin, sauf le jour où Miley Stewart a dû faire du parachute ascensionnel déguisée en poulet ! Ou quand j'ai été obligée de porter cette espèce de costume de sumo. Là, je n'étais pas très à l'aise. Je pensais que porter une perruque, c'était déjà dur ; mais quand j'ai dû m'affubler de ces énormes costumes, j'ai soudain eu beaucoup plus de respect pour ceux qui s'habillent en Mickey à Disneyland. Je ne supportais pas ça. Je dois être claustrophobe. D'habitude ça va, mais ce jour-là j'ai vraiment eu envie d'appeler ma maman.

J'ai vraiment eu de la chance avec *Hannah Montana*. Dès le départ, j'ai eu l'impression d'*être* Hannah. Je n'ai pas vraiment eu à m'imaginer ce qu'elle ressentait. J'ai développé cela un peu plus tard, mais quand j'ai commencé j'avais l'impression que le script était écrit pour moi. Le texte était facile à apprendre. Je suis un phénomène de ce point de vue. Je lis une scène deux fois et je la connais par cœur. Avant d'avoir le rôle, je ne m'étais jamais inquiétée de mes capacités à mémoriser (avec du recul, j'aurais peut-être dû !). Heureusement, je n'avais aucun problème de ce côté-là. Bien sûr, je me suis trompée plusieurs fois, mais ça fait partie de l'apprentissage.

C'était un peu pareil avec les répétitions. Réciter ? S'entraîner ? Pas vraiment mon truc. Mon jour *préféré* de la semaine, c'est quand on se met vraiment à tourner. Pour moi, c'est le *vrai jour*, là où il se passe vraiment quelque chose. Les répétitions sont fades par rapport à la montée d'adrénaline du tournage.

Malgré tout, je n'échangerais ma place pour rien au monde. Et de toute façon, au début, tout était si nouveau pour moi que rien ne me dérangeait. Je me souviens de la première fois que je me suis habillée comme une star pour le tapis rouge : c'était pour la première de *Chicken Little*. Un film Disney que je voulais voir ; j'avais demandé qu'on me donne des billets. Maman et moi sommes allées chez Charlotte Russe chercher une robe. Je me rappelle m'être exclamée : « Maman, pourquoi je ne peux pas leur dire que j'ai une première ? ». Je ne sais pas, moi, je pensais qu'ils seraient plus aimables avec moi ou m'offriraient un verre d'eau pétillante. Mais ma mère m'a répondu : « Personne ne te croira. Tu sais combien de personnes à Los Angeles racontent des trucs de ce style pour se faire mieux servir dans les boutiques ? ».

Je suis ressortie en portant une veste noire avec une croix. Je trouvais ça mignon – mais comparé à ce que je porte maintenant… En allant voir le film, je suis passée sur le tapis rouge, au milieu des photographes qui criaient des noms de stars : « Zach ! Joan ! Steve ! ». Quand je suis passée, les appareils photo se sont baissés. Il y a eu un silence. Personne ne savait qui j'étais. Au temps pour moi.

Le film terminé, maman et moi sommes allées à la fête qui suivait. Tout le monde se parlait, tout le monde avait l'air de connaître tout le monde. On a pris des assiettes et on a cherché un endroit où s'asseoir. Toutes les tables étaient prises. Il n'y avait plus de place. On s'est donc assises par terre pour manger. Personne ne nous a remarquées. C'était vraiment nul. Et plutôt humiliant.

7 stars avec qui j'aimerais travailler

1. Hillary Duff
2. Jennifer Aniston
3. Meryl Streep
4. Shia LaBeouf
5. John Lennon (je m'en fiche qu'il soit mort !)
6. Johnny Cash (pareil...)
7. Elvis (O.K., je voue un culte aux morts !)

Sous les spotlights

13 septembre 2006,

C'est à la fois une fin et un commencement. Le début d'un long voyage sur une nouvelle route, et la fin d'une vie normale. J'espère y trouver l'amour, vivre de belles aventures et m'amuser le plus possible.

Malgré cette leçon d'humilité, la vie a continué à la vitesse grand V. Je suis partie en tournée. Je faisais la première partie des Cheetah Girls pour le concert *The Party's Just Begun* à l'automne 2006. On avait terminé la première saison d'*Hannah Montana*, mais elle n'avait pas encore été diffusée en entier. Avant le concert, on ne savait pas si cela intéressait le public que je fasse la première partie. C'est vrai, la série avait eu un succès immédiat… mais est-ce que le public voulait me voir en concert en tant qu'Hannah ? Hannah était une chanteuse fictive. Peut-être que son succès aussi était fictif. Le créateur du concert n'a donc pas dépensé une fortune. Mon apparition sur scène n'avait rien de spectaculaire. Aucune plate-forme ne s'élevait du sol pour me révéler au public. En fait, deux danseurs tenaient un drap blanc devant moi, puis le laissaient tomber. C'est ça, un drap ! Et je n'avais que quatre danseurs*. Je chantais sur un enregistrement au lieu d'avoir un vrai groupe de musiciens*. Tous les costumes d'Hannah venaient de chez Forever 21*. Mais ça m'était égal de me tenir devant un simple mur noir. Mon père m'a toujours dit qu'un bon musicien pouvait faire un concert splendide avec presque rien. Et je voulais être une bonne musicienne.

Au cinquième concert (sur vingt), il y avait déjà un trou dedans.

* Maintenant j'en ai douze.

* Aujourd'hui, un groupe de sept personnes m'accompagne.

* Maintenant, tous les costumes d'Hannah sont faits sur mesure.

Quand on passe en première partie, on s'attend que personne ne soit là pour vous voir. Les gens viennent entre amis, ils parlent, ils rient, guettent le début du concert avec impatience ; ils n'ont vraiment aucune raison de porter le moindre intérêt à cette fille coiffée d'une perruque blonde et qui se prend pour une star de la télévision. Mais ce concert comptait beaucoup pour moi. J'avais la chance de pouvoir montrer mon talent sur scène et je ne pouvais pas me permettre de rater cette occasion. Je devais chauffer la salle. S'ils n'étaient pas prêts lorsque les Cheetah Girls feraient leur entrée, j'en serais la seule responsable.

Non, non, aucun stress...

7 choses qui m'empêchent de dormir la nuit

1. Bob l'éponge
2. Les grains de café
3. Manger avant d'aller au lit
4. Lire la Bible
5. Jouer de la guitare
6. Savoir qu'il faut que je me lève tôt
7. Repenser au passé

Les places ont toutes été vendues rapidement, ce qui était plutôt une surprise. J'aime bien lorsqu'il y a du monde. Au moins, avec un public aussi nombreux, il y aurait forcément des applaudissements. Je pouvais m'en sortir – enfin, c'est ce que j'espérais.

Je ne suis jamais seule en coulisse. Avant que le spectacle commence, on a un rituel, mes danseurs et moi. On se met en cercle, nos mains au centre, et on crie : « C'est parti* ! ». Puis mon manager, Scottie Dog, un rocker *old-school* plein de tatouages, me dit où je dois attendre et reste avec moi jusqu'à ce que ça commence.

Pour la première représentation, alors que je patientais en coulisse, ma perruque commençait déjà à me gratter, me donnait chaud et me faisait transpirer. Et il fallait que j'aille aux toilettes. Vraiment. Mais c'était trop tard. (C'est l'histoire de ma vie – avoir envie de faire pipi lorsqu'il est trop tard, c'est l'expression de mon corps pour : « Tu es nerveuse, et tu vas peut-être te planter. ») Scottie Dog m'a annoncée, et je suis entrée en scène. J'ai regardé la foule à travers le drap. Nous étions à KeyArena, à Seattle. Seize mille personnes me regardaient – enfin, regardaient le drap blanc devant moi –, attendant que je commence. Je me sentais toute

* C'est mon spectacle, c'est mon rituel, alors vous pensez que je sais pourquoi on fait ça. Mais je n'en ai absolument aucune idée.

petite. J'étais toute petite ! Pourquoi est-ce que *moi*, je me trouvais là ? Comment faire face à un public si nombreux ? Mais les compétitions m'avaient appris à canaliser ma peur et à la transformer en énergie. Je me sentais peut-être petite, mais j'étais prête à donner encore plus pour compenser.

J'ai pris une grande inspiration, le drap est tombé, et je me suis mise à chanter *I Got Nerve*. J'avais peur que la foule me lance des tomates – ou des sandwichs au beurre de cacahouète... c'était un jeune public, et seize mille personnes, c'est plutôt impressionnant. Mais j'aime chanter, et c'est là-dessus que je concentrais mon attention.

Je me suis sentie tout de suite mieux en commençant ma chanson. Quelques minutes plus tard, j'ai enfin eu le courage de jeter un œil sur la foule. J'ai levé la tête... et je n'en croyais pas mes yeux. Je me tenais devant un océan de tee-shirts *Hannah Montana* ! Le public n'était pas là que pour les Cheetah Girls. Ils savaient qui j'étais ! (Ou plutôt ils savaient qui était Hannah lorsqu'elle n'était pas Hannah. Mais ne soyons pas trop exigeant.) La foule chantait avec moi ! Ils connaissaient la chanson par cœur ! Puis j'ai entendu crier : « Hannah ! » et

« Miley ! ». (Vous voyez ? Ils savaient qui j'étais. Ou qui était mon personnage. Mais encore une fois, n'en demandons pas trop.) Ma mère était en coulisse avec Jason, mon manager. Ils se sont regardés, bouche bée. *Quoi ? C'était de la folie !*

Si peu de temps s'était écoulé depuis l'époque où j'arpentais les couloirs du collège en essayant de retenir mes larmes*... Face à ces filles, je m'étais sentie tellement inutile, presque invisible ! C'était un juste retour des choses. La preuve qu'elles n'avaient pas réussi à me détruire. Elles m'avaient même sans doute poussée vers la réussite. Malgré tout, j'étais sortie des ténèbres, et la lumière était tombée sur moi. **J'étais aux anges, non à cause du succès ou de la célébrité ou de quoi que ce soit qui ait à voir avec Hollywood. J'avais le cœur léger. Mon âme flottait... J'étais rayonnante**.

* J'étais au plus bas.

C'est vrai, je me serais bien passée de tous ces mauvais moments endurés au collège. Mais en fait, quelque part, à travers la cruauté de ces filles, un cadeau m'avait été fait. J'avais mis tous ces sentiments au fond de l'Océan, et ils remontaient maintenant telle une bouteille à la mer. Je les ai regardés, respectés, puis ils ont replongé.

Sur les derniers accords de *I've Got Nerve*, je me suis dit : « Et voilà pour elles ! ».

Même les coups durs font partie de l'histoire de votre vie. Si vous les reconnaissez tout en y survivant, ils s'ajoutent à l'expérience qui vous fait évoluer.

Je ne cessais de me demander quel serait l'impact de cette réaction du public sur la popularité de la série, et sur le devenir de ma carrière. Je savais ce qui était en jeu, je l'avais déjà vu aux concerts de mon père. Les adolescents chantaient les paroles, leurs parents dansaient. Ils étaient heureux. Mon père dit toujours qu'à ce moment là – quand vous, le groupe, le public, faites de la musique ensemble – vous ne formez plus qu'un. *Ça s'appelle l'harmonie.* C'est le vrai but d'un concert.

La vie peut être douloureuse. Il y a plein de choses sinistres auxquelles on peut penser. Peut-être qu'on devrait. Mais cette nuit-là, à ce moment-là, alors que nous chantions en chœur, nous partagions tous quelque chose, et en chantant, quels que soient les problèmes qui habitaient le monde, quels que soient les soucis que certains avaient chez eux, quelles que soient les brutes du collège qui torturaient sûrement certains de ces enfants, pour moi, pendant un court instant, nous avions oublié nos ennuis pour savourer le présent. Je leur avais apporté un peu de lumière. Je rendais les gens heureux.

J'ai fait vingt représentations avec les Cheetah Girls en un mois ; la dernière a eu lieu le 14 octobre à Charlotte, en Caroline du Nord. Dix jours après, la bande-son d'*Hannah Montana* – les chansons de la série – se trouvait dans les bacs. Ma vie commençait à ressembler à un Noël géant – j'avais autant de succès que dans mes rêves les plus fous. L'album est entré directement dans les meilleures ventes.

Eh oui ! *Hannah Montana* n'était plus un essai. C'était devenu un véritable succès. Mon rêve était devenu réalité. J'étais chanteuse et actrice. Et puis, tant pis si le rêve avait une perruque sur la tête. Je n'avais pas à me plaindre. Vous connaissez l'expression « Une perruque sur la tête, c'est toujours mieux que la tête dans les toilettes du collège » ? J'admets, elle n'est pas très connue. Alors on va dire : « À cheval donné, on ne regarde pas les dents. »

Pas de chance à Saint Louis

Avant de partir en tournée, ma mère avait une exigence. Généralement, lors d'une tournée, toute la troupe reste ensemble. Avec les Cheetah Girls, cela faisait beaucoup de monde – environ une centaine de personnes, dans quatre bus. Les danseurs, deux filles et deux garçons, avaient environ vingt ans. Et je n'en avais que treize. Ma mère a dit que ce n'était pas un drame si je ne gagnais pas beaucoup en faisant cette tournée. Elle voulait seulement que les choses soient aussi normales que possible pour moi. Alors on a loué un autre bus, moi, maman, mamie et Noah (les autres étaient restés à l'école). Après le concert, je retournais dans le bus, je faisais mes devoirs, puis je regardais un film avec maman et Noah. C'était étrangement normal. Aussi normal que peut l'être la vie d'une adolescente parcourant le pays pour donner des concerts.

J'étais contente que ma mère ait pris cette initiative. C'était sympa d'être avec toute l'équipe, mais je n'aimais pas vivre de cette manière. J'avais besoin d'espace. D'un peu de répit. Et ce n'était pas seulement psychologique. Comme je vous l'ai déjà dit, ça peut paraître bizarre, mais j'aime la solitude.

Même si le problème du bus était réglé, tout n'était pas parfait. Pour être plus précise, deux mots expriment ce qui n'allait pas. Saint Louis. Je n'ai rien contre cette ville en particulier, mais une chose est sûre : je n'ai pas envie d'y retourner.

Mes malheurs à Saint Louis ont commencé pendant cette tournée et durent encore aujourd'hui. J'étais sur scène en train de chanter *Who Said* quand j'ai commencé à me sentir mal, comme si j'allais vomir. J'ai couru hors de la scène. C'était horrible. Mes danseurs continuaient. Ils n'avaient même pas remarqué que j'étais partie*.

*Merci, les gars !

Dès que je me suis sentie mieux – à peu près cinq minutes plus tard –, je suis vite retournée sur scène. J'ai dit : « Désolée, j'avais une urgence. » (Plus tard, ma maman m'a dit : « Très classe, Miley. Je parie que tu n'as jamais dîné à Buckingham Palace. ») Puis ça m'a reprise. J'ai été obligée de partir au milieu de *Best of Both Worlds*. Pas vraiment professionnel... Je pensais que c'était un virus, et le lendemain, comme je me sentais mieux, j'assurai ma part de spectacle le soir.

Mais voilà que cela se reproduisit. Je tins bon quand même jusqu'au bout de la représentation, mais dans la ville suivante, Dallas, je suis allée voir un médecin. D'après lui, ce n'était rien, je n'étais pas malade ; mais pendant le concert, je me suis encore sentie mal. Ce n'était pas normal. Et ce n'était pas psychologique. Chez moi, la nervosité se traduit par une envie de faire pipi alors qu'il est trop tard. Là, c'était autre chose. Je me sentais vraiment mal. Un autre médecin m'a vue et m'a fait faire une échocardiographie*. Ils ont trouvé un trou dans mon cœur – avant même ma première rupture amoureuse ! Mais le véritable problème, c'était la tachycardie.

Faire de la tachycardie, ça veut dire que le cœur se met à battre très vite et que le corps ne peut pas suivre. (*Tachy* veut dire « vite », *cardia* veut dire « cœur ». Quand j'ai répété le diagnostic à Brazz, il m'a dit : « Tu es sûre que ce n'est pas de la tachybou-

* une échocardiographie utilise les ultrasons pour regarder votre cœur. Cela ne fait absolument pas mal. C'est comme quand ils regardent les bébés des femmes enceintes. Sauf que si on trouve un bébé dans votre cœur, eh bien... vous êtes dans le pétrin.

chie ? ») Si je m'étais imaginé un problème, je l'aurais effectivement plutôt situé dans la partie de mon corps dont je me sers le plus. J'ai toujours eu tendance à me surpasser !

Le type de tachycardie dont je suis atteinte est bénin. Cela ne me fait pas mal, mais parfois ça me gêne. Mon cœur accélère comme un fou si je monte un escalier un peu vite. Et quand je porte une perruque, c'est encore pire. J'ai chaud, du coup mon corps essaie de se refroidir, et mon cœur fait des siennes. Quand je la porte en concert, parfois, je n'arrive plus ni à respirer ni à penser. Je me sens claustrophobe. Il n'y a pas une seconde sur scène où je ne pense pas à mon cœur.

Psaume 43 : 5

Pourquoi t'abats-tu, mon âme,
Et gémis-tu au-dedans de moi ?
Espère en Dieu, car je Le louerai encore ;
Il est mon salut et mon Dieu.

Ce diagnostic m'a fait réfléchir. Pendant cette tournée, je pensais que c'était très important pour moi d'avoir l'air en pleine forme. Je ne mangeais pas beaucoup. Parfois seulement une Pop-Tart en tout et pour tout dans la journée. C'était très peu. Ce n'était pas bon pour la santé. J'ai toujours fait attention à mon poids, mais quand j'ai découvert que j'avais un trou dans le cœur... je n'était pas prête à sacrifier mon cœur juste pour rester aussi mince. J'étais terrifiée. Comme la plupart des filles de mon âge, je fais très attention à mon look, mais il a tout de suite été clair pour moi qu'il valait mieux que je prenne un peu de poids pour atteindre une corpulence normale et saine. Quand je suis rentrée à la maison, papa m'a emmenée dans un de mes restaurants chinois favoris, Panda Express. Il m'a dit : « Tu as un trou dans le cœur, mon enfant. Alors mange ! ».

J'avais toujours pensé que travailler le plus dur possible était la clef de la réussite. Mais mon cœur a des limites qu'il me faut respecter. Je devais prendre soin de moi, sinon je me sentais mal. Maintenant je fais en sorte de bien manger, de bien dormir et d'éviter la caféine. (Ce fut vraiment dur pour moi. J'adore le Coca-Cola !)

Durant cette tournée, j'ai appris que je pouvais me surpasser. C'est facile. Les fans vous encouragent, les producteurs vous encouragent, votre famille vous encourage. **Mais c'est de moi qu'il s'agit, et si quelqu'un doit imposer des limites, ce ne peut être que moi-même**. J'avais besoin de cette leçon. Dans un sens, je pense que c'est une bonne chose que je sois obligée de faire autant attention à moi. Cela me permet de garder un certain équilibre.

Ah oui, à propos de Saint Louis… Quand j'y suis retournée – pour chanter l'hymne national à un match de base-ball –, il pleuvait. Et c'est à Saint Louis qu'a eu lieu la première de ma tournée avec les Jonas Brothers, ce qui a priori semblerait une bonne chose… mais je vous raconterai cela plus tard.

Une journée « normale »

Après cette tournée, je suis rentrée à la maison et j'ai continué à tourner les épisodes d'*Hannah Montana*. Je me suis donc réveillée à Los Angeles, au son de notre système d'alarme qui disait : « Porte d'entrée ouverte ». Un des membres de la famille était sorti promener les chiens. Je me suis levée, me suis brossé les dents, ai pris une douche et ai ouvert un de mes deux placards*. Les deux sont pleins à craquer. Je pourrais m'habiller différemment tous les jours pendant un an sans avoir tout porté. La moitié est composée des vêtements de chez Forever 21 ou de Walmart que j'ai achetés, l'autre de cadeaux envoyés par Chanel, Gucci et Prada, que j'ai commencé à recevoir quand la série a eu du succès. On y entrevoit les deux faces de ma vie : ce que je

*Oui, oui, deux placards...

choisis de porter et ce que les autres veulent me voir porter – tout ça bien entassé dans mes deux placards.

Quand j'ai été prête, j'ai demandé à un membre de la famille doté d'un permis de conduire de m'emmener sur le plateau d'*Hannah Montana* pour la répétition de 8 heures. La pause déjeuner a eu lieu à midi et demi. Emily, Mitchel et moi nous sommes raconté nos dernières aventures en un temps record, puis on a repris le travail.

Après cela, je me suis rendue à une séance photo pour la couverture du magazine *Seventeen*, puis je suis rentrée pour travailler une chanson qui devait être prête la semaine suivante pour enregistrement. J'ai dîné avec ma famille – sauf papa, qui n'était pas là, et Brandi qui était à son appartement –, puis je suis allée dans ma chambre pour consulter mes e-mails.

Je me suis connectée sur AOL et j'ai aperçu une photo de moi sur la page d'ouverture – pas trop mal pour une fois ! Puis je suis allée sur Miley World pour lire ce que m'avaient écrit mes fans. Puis dormir, se réveiller et retourner répéter.

Oui, moi aussi j'ai un mot de passe pour entrer sur le site Miley World.

On en était à la deuxième saison d'*Hannah Montana*. Cette fois, je pouvais le dire : ma vie avait changé.

Nous autres

Ma nouvelle vie a aussi affecté ma famille. Mais ils sont courageux. Mon petit frère, Braison, a deux ans de moins que moi. Il est très sensible – très attentif aux émotions de son entourage. Brazz vient me voir pour tout et n'importe quoi, et on fait un pacte de confidentialité pour les secrets les plus importants. Je ne vais pas vous mentir : je ne suis pas douée pour garder les secrets. Mais quand Brazz me fait promettre de ne rien répéter, pour rien au monde je ne le trahirais. On pourrait me menacer d'un couteau que je ne dirais rien. Brazz et moi sommes devenus très amis il y a environ un an. Je ne veux pas limiter ça à la mode, mais je crois que c'est quand il a eu une paire de Converse. Le jour où je lui ai dit : « O.K. Tu as du style. »

Noah est le bébé de la famille. Elle fait beaucoup la comédie. Elle en veut, et rien ne lui échappe. Quand Noah avait quatre ans, j'ai entrepris, avec une amie à moi, de la maquiller. On a commencé à la transformer en clown. On lui a mis du rose sur les joues et on lui a peint une bouche bleue. Elle n'a jamais oublié. Depuis ce jour, quand je demande si je peux la maquiller, elle me répond : « Non ! Tu vas me déguiser en clown ! », et elle refuse.

Noah veut que sa chambre ressemble à l'arche de Noé. Elle a une immense girafe en peluche d'un côté et un immense cheval (aussi en peluche) de l'autre. Elle a des poissons, des oiseaux et un chien. Elle veut le plus d'animaux possible. C'est un de nos plus grands points communs – avec maman. Personne n'aime autant les animaux que nous.

L'année dernière, mes parents et Brandi sont allés voir un concert, et je suis restée à la maison pour garder Noah. À peine étaient-ils partis que Noah s'est exclamée : « Tu es la plus marrante. Il faut qu'on fasse quelque chose de drôle ! ». Qu'est-ce que je pouvais répondre ? J'ai pris un grand bol dans lequel j'ai versé du sirop d'érable, du Coca-Cola, de la glace, de la crème Chantilly, des gaufres, le tout saupoudré de sucre glace. Je lui ai donné une cuillère en lui disant : « Voyons combien de sucre on peut te faire avaler ! ». Elle a mangé jusqu'à ce qu'elle ait envie de vomir.

Puis, pour lui donner le temps de récupérer, j'ai entrepris de lui faire un soin de la peau. J'ai préparé une lotion spéciale avec des œufs, du miel, des bananes et… un peu de tout ce que j'ai pu trouver. Quand mes parents sont rentrés, ma mère s'est écriée : « Qu'est-ce que c'est que cette odeur ? ». La cuisine était sens dessus dessous. Il y avait de la nourriture partout. Et maman avait raison, ça ne sentait pas très bon. Pourtant, le lendemain, la première chose que Noah ait faite, c'est de porter ses mains à ses joues : « Mes pores sont propres ! J'ai une peau de bébé ! ». J'avais envie de répliquer : « C'est parce que tu es un bébé. » Je suis si contente de ne rater aucun de ces moments…

Les plus grands ont maintenant quitté la maison, mais ils reviennent de temps en temps, et quand ils sont là, je laisse tout tomber (sauf le collège et le travail) pour passer du temps avec eux. Brandi est un ange. C'est la fille la plus honnête et digne de confiance que vous pourrez rencontrer. Bon, elle a son caractère… mais c'est quand même une fille adorable. Trace fait partie de ceux qui prennent la vie comme elle vient. Il se fiche pas mal de ce que les autres pensent de lui. Il est très rock. J'adore son groupe, Metro Station. Si je devais le mettre dans une catégorie, je dirais que c'est celui qui me ressemble le plus. Ou plutôt, c'est moi qui lui ressemble, vu qu'il est plus âgé.

Maintenant que j'ai beaucoup de travail, je savoure le temps que je peux accorder à ma famille. Je veux en profiter au maximum. Il n'y a pas de règle comme « Tout le monde à la maison jeudi soir pour un grand dîner » ou « On ne parle pas au téléphone dans le salon ». **Notre maison est comme une ruche, la famille, les amis et les animaux entrent et sortent en permanence**. Mais, comme tout le monde, on tente de garder le stress et le travail hors de la maison. À la maison, je ne suis pas une star. J'ai toujours le même nom ; mais au lieu de chanter, je me fais crier dessus pour descendre mon linge sale. À la maison, je suis juste une enfant qui a eu un job plus tôt dans la vie que les autres. Ce qui est chouette avec ma famille, c'est que je fais quelque chose que mon père a fait pendant très longtemps, alors personne n'y prête beaucoup d'attention.

En famille

Mon père voyage beaucoup, mais mes deux parents sont plutôt du style à rester à la maison. Peut-être est-ce pour cela qu'ils s'entendent aussi bien. Quand mon père chantait son plus grand tube, *Achy Breaky Heart*, ma mère est restée avec les enfants. Mon père était souvent absent, mais quand il était là, mes parents ne sortaient jamais dîner ou faire la fête. Ils n'ont jamais fréquenté les stars. Ils aimaient rester à la maison en famille.

Je suis un peu comme eux. J'aime les petites fêtes ou rendre visite à mes amis. Jusqu'à dix personnes, ça me va très bien. J'aime bien aller nager, aussi. Mais je fais toujours très attention à mon cœur. L'idée que j'ai d'une fête réussie, c'est quelqu'un qui se prend une tarte à la crème, pas quelqu'un qui finit la soirée à vomir. Je ne bois pas et je ne fumerai jamais. Je me le suis toujours dit. Fumer, cela reviendrait à casser ma guitare en deux et attendre qu'elle fonctionne. Ma mère est très stricte sur ce point, elle nous met aussi en garde contre le tabagisme passif. Pourquoi ? Mes deux grands-pères sont morts d'un cancer du poumon – même si, pour papi, c'était à cause de l'amiante et non du tabac. Alors, je comprends qu'elle soit inquiète.

Dommage qu'on nous invite à tant de fêtes, parce que c'est du gâchis. Après les Oscars l'année dernière, on était supposés se rendre à la fête d'Elton John. On était aussi invités à celle de Madonna. À d'autres encore... On avait nos entrées partout. C'était enivrant et plutôt flatteur. **Mais une fois la remise des prix terminée, maman et moi nous sommes regardées. J'ai dit : « On y va si tu veux. »** Elle m'a répondu : « Non, on y va si tu veux. » C'était une des nuits les plus importantes à Hollywood, nous avions revêtu nos plus belles robes et reçu toutes les plus belles invitations que vous pouvez imaginer. Et qu'est-ce que nous avons fait ? On s'est arrêtées chez Mo, notre resto favori, et on a pris une pizza au poulet barbecue avant de rentrer à la maison enfiler nos pyjamas. On s'est retrouvées à la cuisine en parlant encore de la succulente pizza au poulet barbecue, puis, tout à coup, j'ai demandé : « Tu crois qu'on aurait dû y aller ? ». On a secoué la tête en même temps : nan ! On préfère rester à la maison en pyjama !

C'est facile de conserver les habitudes familiales lorsque nous sommes à la maison. Mais c'est beau-

7 choses que j'aime manger

1. Les flocons d'avoine avec de la glace
2. Du fromage grillé avec du ketchup
3. Les macaronis au ketchup
4. Les raviolis chinois
5. Les raviolis de chez Cracker Barrel
6. Les enchiladas
7. Les oeufs avec du sirop d'érable

coup plus dur lorsque nous sommes dehors. Parce que la célébrité vient se mettre en travers du chemin. On aime aller à l'église, le dimanche, puis déjeuner en famille. Parfois, certaines personnes viennent nous voir. C'est là que ma mère leur dit : « On est dimanche. On est en train de manger. Elle n'a que seize ans, et ce n'est pas le moment. » Cela me gêne. Pourquoi est-ce que je ne peux pas signer un autographe ? Cela ne prendrait que cinq secondes. Ce n'est rien. Mais pour ma mère, quand nous sommes en famille, les autographes peuvent attendre. Elle veut être sûre qu'il y ait des moments où je ne suis que Miley, passant une journée tranquille.

Autre chose. Parfois, nous allons à Universal (le parc d'attractions), et les fans s'agglutinent. Ils essayent de prendre des photos ou veulent un autographe. Je n'y vois pas d'inconvénient. Mais ma famille n'a pas envie de m'attendre pendant une heure. Elles est venue pour les attractions. Alors je deviens la sœur qui ralentit tout le monde, et tous sont aussi énervés que si au cinéma leur petit frère piquait une crise au beau milieu du film. Dans ces moments-là, je suis juste Miley, et j'ai intérêt à me dépêcher.

« Miley » à l'heure

Avec le succès d'*Hannah Montana*, la vie s'est accélérée. Avant, si j'avais une heure pour faire mon shopping au centre commercial de Nashville, j'avais l'impression d'être pressée par le temps. L'œil rivé à ma montre, incapable de choisir un pantalon. Alors que maintenant, en une heure, qu'est-ce que je ne fais pas ? Je donne une interview. J'écris une chanson. J'apprends la calligraphie. J'atteins le mode « difficile » à Guitar Hero*. Rien qu'une petite heure de libre, pour moi, c'est le luxe ! **Le temps devient une denrée rare lorsque le monde entier complote pour vous en priver**.

D'un autre côté, je déteste avoir conscience du temps qui passe. Je fais de mon mieux pour ne pas lui courir après. J'aime bien aller à mon rythme. Quand

* Je suis coincée à « difficile ». Je ne suis même pas super bonne, et j'en fais tous les jours au moins vingt minutes.

je m'habille le matin, ce que je recherche avant tout, c'est le confort. Et de ce point de vue, je suis super exigeante. Je peux essayer plusieurs pulls avant de me décider pour celui qui me convient. Ma mère est comme moi, sauf que depuis que nous avons plein de rendez-vous elle tient à arriver à l'heure. Quand elle me lance : « Tu es retard ! On va être en retard à cause des embouteillages… », je lui rétorque : « Et alors ? On n'a qu'à ne pas y aller. Ou trouvons quelqu'un d'autre pour me conduire. » Je ne vois pas pourquoi elle flippe autant. Je ne peux pas rembobiner les minutes, faire machine arrière et arriver en avance, quand même. On sera en retard, et après ? Oui, hum… ma maman n'est toujours pas d'accord.

On se demande bien pourquoi.

L'enregistrement de la série ne me prend que quelques heures par jour. Je m'efforce d'être cool. Je joue à Guitar Hero – j'ai presque réussi à convaincre mes parents que ça compte comme du travail quand on est une musicienne professionnelle. En tout cas, je leur serine : « Je suis une pro. J'ai besoin de ce jeu vidéo. » Au déjeuner, je retrouve mes camarades de plateau. Quand j'habitais le Tennessee, après les cours on se réunissait entre copains et copines (les jours où je n'allais pas aux entraînements !).

Aujourd'hui, je rentre à la maison m'amuser avec mon frère et ma petite sœur. On fait des tours à vélo dehors ou bien on joue à l'intérieur. En tout cas, dans ces moments de détente, je ne pense plus à mes rendez-vous et je ne surveille plus l'heure.

Notre vie est planifiée à mort. Allez ! Allez ! Allez ! Voilà tout ce que j'entends, mais parfois il faut savoir dire non. Moi, j'ai du mal à refuser. Tout a l'air si important… et si amusant. Mes parents me répètent que je ne suis pas obligée d'accepter Tout Ce Qui Se Présente ! Mon père, ce poète, me dit de vivre pleinement et de suivre mon destin. Il me rappelle que descendre de la montagne est plus difficile que d'y grimper. Ma mère a plus l'esprit pratique. Elle tient à ce que j'aie une véritable enfance. Elle veut que je l'aide à la maison et que je garde du temps pour voir mes amis. Je ne peux pas imaginer ce que ce serait d'avoir des parents qui me pousseraient à gagner toujours plus d'argent ou à devenir plus célèbre. Cela me rendrait maboule.

La vérité, c'est que je n'ai pas l'ambition d'être plus célèbre ou plus riche ou plus quoi que ce soit que les autres. Je n'ai pas besoin d'arriver au sommet, ni envie de rester sur la voie rapide. Je me rends compte que j'ai beaucoup de chance d'avoir vécu tant de belles expériences que les filles de seize ans en général ignorent. Mais je sais aussi que je dois faire attention à ne pas passer à côté de choses que toutes les filles de seize ans connaissent. Et avec cette vie de dingue, la normalité de l'adolescence, j'adore*.

* Je sais, qui veut vivre le stress de l'ado ?

Ecclésiaste 4 : 6

MIEUX VAUT UNE MAIN PLEINE AVEC REPOS QUE LES DEUX MAINS PLEINES AVEC TRAVAIL ET POURSUITE DU VENT.

Quand j'y réfléchis, ma famille m'aide drôlement à garder les pieds sur terre. Grâce à elle, je n'oublie jamais d'où je viens ni qui je suis vraiment.

Ma mamie m'accompagne tous les jours au travail. C'est une femme incroyable ! Je ne l'ai jamais entendue une seule fois dire un gros mot. Je ne l'ai jamais vue en colère. Tous les jours de sa vie, elle bénit le ciel pour ses bienfaits. Si c'était en mon pouvoir, je ferais d'elle une sainte. C'est ma seconde mère, et elle est toujours là pour me ramener sur terre, même quand j'ai la tête dans les nuages.

Je sais qu'on aura du mal à me croire, mais dans ma famille on est très attaché aux traditions. Même si la journée promet d'être super chargée, mon papa tient à me préparer mon Ovomaltine au petit déjeuner. C'est un rituel qu'il perpétue depuis mes toutes premières années, et il s'y applique énormément.

D'abord il verse une cuillerée de poudre dans le fond d'un grand verre. Puis il ajoute le lait. Il mélange le tout puis, prudemment, il boit une petite gorgée. Si les proportions ne sont pas respectées, il dit quelque chose comme : « Ah, non, ce n'est pas tout à fait ça. » Moi, comme je sais que c'est bon, j'essaye de l'arrêter, mais il ajoute : « Non, non. Il faut qu'il soit parfait. » Et là-dessus, il vide le verre de chocolat dans l'évier et recommence l'opération. Quand il a enfin obtenu le nectar qui répond à ses critères d'exigence – à moins que ce ne soit une excuse pour boire mon chocolat... –, on s'assied l'un à côté de l'autre au comptoir, et il boit son café et moi mon Ovomaltine. C'est toujours délicieux. Et c'est un moment dont je me réjouis à l'avance. J'estime avoir beaucoup de chance d'avoir un papa qui me prépare mon chocolat au lait. Ai-je vraiment envie de ça au saut du lit ? Peu importe. Papa pense que oui, et, puisqu'il pense que oui, moi aussi !

Boire de l'Ovomaltine le matin, déguiser sa petite sœur en clown, manger des pizzas au poulet barbecue tard le soir en pyjama : voilà les petites choses qui font de nous ce que nous sommes dans un monde plus grand.

Fille du Sud

Qui je suis ? Ma famille et l'endroit où j'ai grandi y sont pour beaucoup. Bien sûr, j'ai réalisé mon rêve, mais cela ne s'est pas fait en un jour. Alors, quand a-t-il commencé, ce rêve merveilleux ? En partie dans les concerts où j'ai vu mon père jouer. Mais surtout dans notre ferme, à Franklin, dans le Tennessee, au milieu des chevaux, vaches, poules… et des membres de ma famille.

Les gens pensent qu'une ferme demande beaucoup de travail, mais si on ne cultive pas la terre, ce n'est pas tellement compliqué de s'occuper des animaux. Les chevaux sont au pré, ils mènent leur vie tranquillement sans nous. Les vaches paissent l'herbe d'un champ voisin. L'herbe repousse. Elles paissent encore. Quelquefois on monte les chevaux ; ils sont cool, ils se laissent monter et ensuite ils peuvent faire ce qu'ils veulent.

Quant aux poules, quand on sait s'y prendre avec elles, elles font de bons animaux de compagnie. Ma petite Lucy aime qu'on la prenne sur les genoux et qu'on la caresse. Le secret, c'est d'apprivoiser les poussins. Sinon, les poules peuvent facilement devenir méchantes. Lucy est notre seule poule de compagnie. Traitez-moi de paysanne si vous voulez, mais je trouve que les poules sont super rigolotes à observer. Cette démarche qu'elles ont ! Avec cette façon de pointer leur petite tête d'avant en arrière. Alors, vous voyez, rien n'est plus relaxant que de ne plus penser à rien et de regarder vivre ces volatiles.

Maman dit toujours qu'à l'époque où je n'allais pas encore à l'école nous vivions au rythme des spectacles, et mon père était très souvent en tournée. Le soir, il rentrait tard. Parfois pas avant 10 ou même 11 heures. Mes parents me permettaient de rester debout jusqu'à des heures indues. Heureusement, le lendemain matin, nous n'étions pas obligés de nous lever tôt. Le temps passé en famille était sacré.

Je me répète, je sais, mais quand papa était à la maison, je le suivais partout comme sa petite ombre. J'avais quatre ans, peut-être cinq, quand il me perchait sur la selle d'un cheval tout calme et m'emmenait, avec

Braison et Brandi, sur les sentiers autour de notre maison. (Trace avait une peur bleue des chevaux et refusait de participer.) Ou bien il m'asseyait devant lui sur le quad ou la moto, et on montait jusqu'en haut de la colline où il y avait un tipi – avec un authentique totem que papi avait offert à papa ! Papa allumait un beau feu de camp, et on faisait griller des Chamallows. **On s'asseyait autour du feu, entre les arbres, sous l'énorme voûte céleste du Tennessee. C'était facile de partir dans des rêves avec toutes ces étoiles. J'avais l'impression que l'espace était infini et que je pouvais presque voir Pluton. Avec papa, c'était la vie au grand air**.

Fille du Sud

Je me souviens du cheval
Et de la balançoire-pneu
Et des pique-niques sous l'arbre
Et des feuilles qui voletaient.

J'adore cueillir des fleurs
Baigner mes pieds dans le ruisseau
Écouter le chant des oiseaux
En jouant à cache-cache.

Ce sont, je sais, de petites choses
Mais pour moi elles comptent beaucoup.

À la campagne on se contente de peu
Mais moi j'ai pas besoin de grand-chose
Je suis une fille du Sud
Qui se contente de petits riens.

Je sais pas ce qui vous semble beau
Là-bas dans votre grande ville
Je connais pas votre musique
Pour nous il n'y a que la country !

En grandissant, nous passions encore beaucoup de temps à la ferme. Même alors que je galérais en 6e, quand je rentrais à la maison je jouais au basket avec Braison ou sautais avec Brandi sur le trampoline. Tout en rebondissant comme des folles, on bavardait et on riait de… je ne sais quoi ! De trucs qui n'avaient ni queue ni tête. C'est ça qui est chouette quand on a une sœur. On n'est pas obligé de tenir des conversations avec un début, un milieu et une fin. Il suffit de laisser se dérouler sa pensée et de la laisser rebondir, hop, hop !

Je ne me rappelle plus quand exactement Trazz s'est mise à construire sa cabane dans les arbres. Elle est restée longtemps en chantier. Papa a voulu la terminer, mais, manque de bol, il s'est tapé sur le doigt avec le marteau, alors il a abandonné. Je m'y suis attelée à mon tour. Mais comme je n'y connais rien en maçonnerie, j'ai juste mis des couvertures autour de la charpente vide. Un peu comme un de ces forts que fabriquent les gamins. Seulement, j'avais oublié la pluie. Eh oui. La pluie. Ce n'est pas bon pour les petites maisons aux murs en coton. N'empêche, elle est mignonne, notre cabane. Chaque fois que je retourne à Nashville, je m'installe là-haut avec Brazz et on joue aux échecs. C'est notre cachette. Un endroit où nos rêves peuvent s'envoler vers le ciel.

Dans la famille, on n'a guère le goût de la compétition. Quand on joue à « Jacques a dit » dans la piscine, par exemple, on se laisse toujours gagner à tour de rôle. On fait attention à ne pas froisser l'amour-propre des autres.

Dommage qu'on ne soit pas aussi précautionneux avec la sécurité. Il n'y a pas une seule photo de moi à cheval ou sur un quad avec un casque sur la tête ! Papa dit toujours qu'au rayon négligence à l'égard de ses enfants il bat largement les mamans *people*. Il ne lui est jamais venu à l'esprit de nous faire porter des casques. Ni d'en porter un lui-même, d'ailleurs*.

Une fois, quand j'étais toute petite, papa m'a emmenée en quad sur son dos, dans un porte-bébé*. Pas de casque, évidemment. Il zigzaguait à travers bois plutôt vite, et paf ! il a heurté un tronc d'arbre couché en travers de son chemin. Il s'est penché pour passer dessous, et pan ! il s'est rappelé que j'étais sur son dos. Il m'a ramenée à la maison avec un œuf de pigeon sur le front. Dieu sait quels sommets j'aurais atteints si papa ne m'avait infligé un traumatisme crânien léger ! Je cherche encore aujourd'hui ce qu'il pourrait faire pour se racheter. Les solutions qui se présentent à moi commencent parfois par les lettres V-O-I-T.

* Il a fait des progrès !

* À ne pas essayer chez soi !

La fête du Mulet

Je vous parlais de la naissance de mon rêve, mais avant d'aller plus loin je voudrais faire une digression à propos de la fête du Mulet. Vous avez bien lu. La fête du Mulet. Papi m'y emmenait tous les ans. N'allez pas croire que cette fête m'a décidée à devenir comédienne et chanteuse, mais je suis une fille de la campagne et… bon, eh bien, il y a chaque année chez moi une fête qui rend hommage au mulet ! C'est inscrit dans ma culture. Vous voulez en savoir plus là-dessus ? Alors, restez connecté…

Je viens de téléphoner à mon papa et je lui ai demandé : « Je rêve, ou papi m'emmenait à la fête du Mulet ? Qu'est-ce que c'était, exactement ? ». Papa m'a répondu : « C'est un événement qui a lieu dans une ville du Tennessee, Columbia, où sont réunis tous les ânes de la région. » Vous voyez ! Je ne l'ai pas inventé. (Ne dit-on pas que la réalité dépasse la fiction ?) Si vous n'avez pas eu la chance d'assister en personne à une fête du Mulet, il s'agit d'une foire annuelle qui dure plusieurs jours. On y joue de la musique, on y expose des œuvres d'art, on s'y marche sur les pieds, et, bien sûr, on admire des centaines de mulets. Il y a un marché aux mulets, des mulets qui tirent des charges super lourdes, des concours de beauté de mulets, et tout plein de souvenirs sur le thème de la mule. Papi et moi, on rentrait à la maison avec des figurines de mulets et des tee-shirts décorés de mulets.

Un jour, pour montrer combien nous aimions tous les deux cette fête, papi m'a acheté un vrai âne aux longues oreilles. On est allés le chercher dans le Kentucky et on l'a ramené chez nous dans un van. Il m'a raconté que l'âne – que j'avais baptisé Bourriquet – était à moitié zèbre, et que cela se voyait aux rayures qu'il avait aux chevilles. Il n'y a pas si longtemps, je me suis dit « Oh ! minute !... » en voyant que tous les ânes de la terre ont les chevilles blanches.

Qu'en dites-vous, alors ?... La fête du Mulet. Je pensais que ça vous amuserait.

Mes petites récrés

Me voilà dans le Tennessee, à observer les poules, à admirer les mulets et à risquer de me rompre le cou sur le quad de mon père. Je ne caressais pas l'espoir de devenir une grande star. Qui a cette ambition ? Pourtant, même à cette époque, je savais que je voulais d'une manière ou d'une autre appartenir au monde du spectacle. Deux ans avant notre emménagement à Toronto, j'ai suivi un stage de vacances pour enfants acteurs – *Kids on Stage* – organisé par un petit théâtre de Franklin, le Boiler Room. Mais quand on y montait une pièce, je n'avais jamais le premier rôle. Le seul dont je me souvienne, c'est celui d'une vieille dame. Je crois que j'avais une perruque. Cela a sûrement dû me servir plus tard.

À l'école, j'étais carrément « accro » au théâtre.

Autrement dit, je cassais les pieds de tous mes camarades. Quand maman m'emmenait, avec mon costume cousu main, ma maîtresse de CE1, miss Severe (qu'ont aussi eue Brandi, Braison et Noah), lui a lancé : « Miley a tout prévu. » J'étais ce genre de gamine. Les profs m'adoraient*. Sauf quand je bavardais. Et j'étais super bavarde.

* Les petits camarades, pas tant que ça.

En CM2 – un an avant l'Année de Toutes les Tortures –, nous avons finalement emménagé à Toronto pour être auprès de papa. Maman avait longtemps hésité à nous arracher à notre Tennessee natal ; mais, comme je l'ai déjà dit, nous avions besoin d'être ensemble. Le plus dur pour moi, ce fut de quitter mon équipe de pom-pom girls – je m'étais tellement investie ! Maman a regardé si je pouvais continuer à pratiquer ce sport à Toronto. Hélas, il n'était pas très populaire dans cette ville du Canada.

Maman a finalement trouvé une équipe à Burlington, à une heure de route. Il fallait en principe être déjà en 5e pour y participer. J'étais trop jeune. Mais elle a insisté en expliquant que j'en faisais depuis mes six ans et elle a supplié les organisateurs d'accepter au moins de me rencontrer. Quand ils m'ont vue dans la salle de gym, ils ont surtout pu constater que j'étais minuscule pour une gamine qui se débrouillait déjà pas mal. Ils n'allaient pas avoir de mal à me lancer en l'air. Et j'ai été acceptée !

La ville de Toronto était très froide, comparée à Nashville. En plus, manque de bol, on est tombés sur l'hiver le plus glacial depuis quinze ans. Alors, tous les samedis, nous roulions dans le blizzard jusqu'à Burlington. Ma pauvre maman, qui n'avait jamais conduit sur une route verglacée de sa vie ! Elle a été héroïque.

Au Canada, quand je ne m'entraînais pas et que je ne faisais pas mes devoirs à la maison, j'accompagnais maman. Nous allions souvent retrouver papa sur le plateau de *Doc*. À force d'assister aux tournages, je finis par intégrer une foule d'informations sur le cinéma : les mouvements de caméra, ce que cela signifie quand on crie « Coupez ! », pourquoi on doit se taire et ne pas faire de bruit. Mais ce que je préférais, c'était essayer les perruques dans les loges. Je sais, je sais... Certaines personnes regardent en arrière et se rendent compte qu'elles ont passé leur vie à combattre l'adversité, à lutter contre l'injustice ou à secourir les défavorisés. Moi, quand je me penche sur mon passé, je me vois essayant des perruques.

Mon papa jouait dans *Doc* depuis deux ans, et les producteurs connaissaient la famille au complet. Peu après notre arrivée à Toronto, le producteur (ou était-ce le réalisateur ?) me proposa le rôle d'une fillette nommée Kiley qui apparaissait dans un épisode. Kiley était une fille décidée qui avait fui une mère alcoolique qui la maltraitait, pour vivre avec son père à New York. Le papa de Kiley habitait le même immeuble que Doc (mon papa). J'avais plusieurs super scènes – une où Kiley se confrontait à sa mère maltraitante, et une autre où elle présentait sa candidature pour la pièce de fin d'année de son école et se faisait jeter à cause de son accent du Tennessee. Je ne me doutais pas à quel point cette expérience me serait utile par la suite dans deux domaines : jouer dans une série télé et supporter les moqueries des garces.

En y réfléchissant bien, je crois que c'est là que j'ai attrapé le virus du cinéma. De toute façon, j'en aurais parlé, puisque ce rôle constituait la moitié de mon C.V. au moment où je me suis présentée pour *Hannah Montana*.

Après *Doc*, j'ai suivi des cours de théâtre et plusieurs stages d'été où j'ai appris le b.a.-ba du métier. Pendant un de nos courts séjours à Nahsville, une amie de maman, Wendi*, devait emmener ses

*Celle qui plus tard m'aidera à écrire I Miss You sur papi.

enfants à une audition pour une pub Banquet Foods avec la chanteuse de country Lee Ann Womack. Voyant combien j'étais curieuse, elle m'invita à les accompagner. Les enfants de Wendi étant plus jeunes que moi, lorsque le directeur de casting annonça qu'ils cherchaient une fille un peu plus âgée pour le spot, Wendi me poussa à me proposer. Je ne garde aucun souvenir du déroulement de l'audition. Tout ce que je sais, c'est qu'on m'a prise pour cette pub – et qu'à cette occasion j'ai trouvé un agent pour me représenter.

Mais je me rappelle, en revanche, que, la veille du tournage de la pub, maman avait cuisiné quelques plats de la marque Banquet Foods, et j'allais devoir en manger le lendemain. Quand je suis entrée dans la cuisine pour y goûter, il n'y avait plus rien, mes frères avaient tout englouti. Je me suis dit : *Bon, ça ne doit pas être mauvais*. Mais je suis difficile. Le lendemain, entre les prises, je plongeais sous la table et crachais les haricots (si c'étaient bien des haricots) dans le creux de ma main.

Je suppose que personne chez Banquet Foods ne s'est plaint, parce que, peu après, mon agent a demandé à mes parents de lui envoyer une vidéo de moi en vue d'un futur film dirigé par Tim Burton, *Big Fish*.

Attraper un gros poisson

Peu après la pub pour Banquet Foods, nous avons quitté le Tennessee et sommes retournés à Toronto, où nous avons passé notre temps à lutter contre le froid. On habitait sur les rives d'un lac. L'eau était gelée presque d'un bout à l'autre de l'année. Le vent soufflait si fort qu'à chacune de nos promenades j'avais peur que le bébé Noah ne s'envole. Nous étions frigorifiés. Seule la perspective de *Big Fish* nous réchauffait.

Ce « gros poisson » était un film à gros budget. Réalisé par Tim Burton, avec entre autres acteurs célèbres Ewan McGregor, Jessica Lange, Albert Finney et Danny DeVito. Le tournage se déroulait en

Alabama. Le coup de fil qui nous annonça que j'avais le rôle nous informa aussi que je devais être sur les lieux le surlendemain.

Maman ne fit ni une ni deux. Elle s'écria : « Alabama, nous voilà ! ». (La pauvre, elle devait vraiment avoir envie de regagner un pays chaud, parce que, dès qu'elle eut raccroché, elle s'empressa de charger nos valises dans la voiture.) Papa protesta : « Tu ne peux pas aller jusqu'en Alabama en voiture ! Tu es à Toronto ! » Mais maman n'avait plus en tête qu'une chose : le soleil ! Elle répliqua du tac au tac : « Chiche ! Ce soir, on aura traversé la frontière. »

Maman, Braison, Noah, moi et notre nounou, A. J., on a levé le camp le soir même. Comment occuper trois gamins de moins de douze ans pendant vingt heures de voyage ? Une seule solution : le lecteur de DVD ! Maman était contre jusqu'au moment où on s'est mis à effectuer ces allers et retours entre le Nord et le Sud. N'empêche, on devrait l'élire Maman de l'année, rien que pour ne pas nous avoir abandonnés au bord de la route.

À peine débarqués à Nashville, maman et moi, on a déposé à la maison A. J. et mes frères et sœur, nos valises et nos doudounes canadiennes, on a enfilé des shorts et des tee-shirts, et pfft ! en route pour l'Alabama.

Le lieu de tournage était une petite ville perdue au milieu de nulle part. Et quand je dis au milieu de nulle part, je sais de quoi je parle ! Nous sommes arrivées tard le soir à l'hôtel, et waouh ! on n'avait jamais vu d'hôtel plus miteux ! Des flics surveillaient le bâtiment – un incident louche s'était, paraît-il, produit pendant la journée. Les chambres étaient dégoûtantes. Maman, paniquée, a tout de suite téléphoné à papa, qui lui a dit : « Tenez le coup pour cette nuit. On avisera demain. »

Le lendemain matin, on a quand même découvert un avantage à cet enfer : il y avait un Waffle House juste à côté ! Maman et moi, on partage la même passion pour les gaufres. Mais quand même pas au point de vouloir rester dans cet horrible hôtel. Nous en avons trouvé un mieux... après le petit déjeuner !

Dans le film, je joue une fille nommée Ruthie. Avec un groupe de garçons, elle se glisse en catimini jusqu'à la maison de la sorcière pour regarder son œil de verre. Ruthie est une sainte-nitouche qui houspille les garçons dès qu'ils disent un gros mot. A priori, donc, rien de bien compliqué. Mais ce que maman et moi n'avions pas prévu, c'est que la maison de la sorcière se trouvait au beau milieu d'un marécage. Un marécage glacial, spongieux et humide – il n'avait pas cessé de pleuvoir depuis des semaines. Dans notre hâte d'arriver à temps, nous avions oublié de consulter la météo. Mettons que nous n'étions équipées ni contre le froid, ni contre la pluie, ni contre la gadoue !

Je tournais tard dans la journée, pour la simple raison que ma scène était censée se dérouler par une nuit noire et lugubre. Sur les parois de notre caravane, étaient affichées des images de serpents, araignées et autres bestioles habitant le marais. Il me semblait aussi lire ces mots : « Attention ! Ces bêtes sont venimeuses ; elles sont prêtes à sauter sur toute personne qui n'a rien d'autre sur le dos qu'un short et un tee-shirt... » Je flippais un max ! Des insectes ! Quelle horreur ! Ça me fichait une de ces trouilles ! Je déteste ces petites bêtes.

Bon, le marais était froid et humide. Je pataugeais avec de l'herbe jusqu'à la taille. Je m'attendais à être attaquée d'un instant à l'autre par une araignée velue. Maman me murmurait : « Miley, tu es sûre que tu veux continuer ? ». Après cet interminable voyage depuis

Toronto ? Ah, oui, alors ! Je tenais à aller jusqu'au bout ! Pauvre maman. Elle qui n'est pas très campagnarde…

Je ne nageais pas non plus dans le bonheur, mais j'avais déjà conscience que le cinéma n'est pas toujours une partie de plaisir. Je me rappelle avoir observé mon papa pendant le tournage de *Doc*, un jour où il faisait un froid intense. Tout le monde attrapait des engelures. Mon papa est un grand gaillard, mais là il était tellement frigorifié qu'il n'en pouvait plus. Pourtant, la scène devait être parfaite. En plus, il devait rester assis à côté d'une fontaine, l'air détendu, la mine réjouie. Je me suis dit : *Mince ! Je ne sais pas si j'y arriverais*.

Et maintenant, me voilà sur le tournage d'un film important. Un peu frigorifiée, un peu mouillée, super nerveuse… avec devant moi des heures d'attente. On nous disait quand on avait le droit de manger et quand on pouvait aller aux toilettes. Cela n'avait rien de glamour, loin de là. C'est d'ailleurs comme ça tout le temps dans le show-business. Les magazines font miroiter les clichés d'une vie luxueuse et facile, alors qu'en réalité ça représente beaucoup de travail et c'est très dur. Mais vous savez quoi ? Je n'en changerais pour rien au monde ! J'ai bel et bien été mordue dans ce marais… mais par un virus : celui du show-biz !

Insectes ou pas, je tenais à m'appliquer dans cette scène. Le réalisateur était Tim Burton. S'il me trouvait bien, il me réengagerait peut-être pour un autre film. Je me concentrais super fort. Au début, du moins, parce que, à force de patienter, j'ai un peu déraillé. À un moment donné, j'ai commencé à parler. Et moi, quand je suis lancée, impossible de m'arrêter. Cela m'agace moi-même. Heureusement, un tournage, ce n'est pas une salle de classe. Je m'en suis tirée sans me faire coller. Quant au coup de fil de Tim Burton pour un prochain rôle, j'attends toujours…

De retour à Nashville, on est allés voir le film dès sa sortie. Ma famille au complet s'est levée pour ovationner mon apparition sur le grand écran. C'était génial. Maman s'est procuré le poster de *Big Fish*. Je l'ai collé sur le mur de ma chambre.

Après ça, j'ai été convoquée puis refusée pour le film *Les Aventures de Sharkboy et Lavagirl* – le seul truc chouette à cette audition, c'est que j'y ai rencontré Taylor Lautner, qui depuis est resté mon ami. Même topo pour la série *L.A. Enquêtes prioritaires*. Ensuite, il y a eu une audition tellement pénible que je ne me rappelle plus pour quel film c'était. Tout ce dont je me souviens, c'est que Shirley MacLaine, mon actrice

L'acteur qui interprète Jacob Black dans le film Twilight.

préférée, interprétait le rôle principal, et que les directeurs de casting parlaient au téléphone devant moi et ne m'ont même pas accordé un regard. Je suis sortie de là en pleurs. **Quand elle me voit dans cet état, ma sœur Brandi me dit toujours : « Les esprits positifs font des choses positives. »** Alors j'ai écouté son conseil, et en avant la musique !

Ma mère a bien vu ce que je devais endurer et m'a dit : « Ma chérie, c'est si dur pour toi. Comment peux-tu supporter d'être aussi mal traitée ? » Mais mes parents m'ont élevée comme une fille forte. Je suis simplement rentrée chez moi, et j'ai repris ma place dans ma troupe de pom-pom girls. Je n'ai pas vécu ça comme un échec. Je pense que la route vers le succès est semée d'embûches.

Vous voyez donc que je n'exagère pas quand je dis qu'à mes débuts dans *Hannah Montana*, je n'avais sur mon CV que *Doc*, une publicité et *Big Fish*. Point final. Ah ! et n'oubliez pas l'épisode des vielles dames et de la perruque. Pas étonnant que Disney ait eu des doutes à mon sujet. Mais moi je n'en ai pas eu. Toutes ces péripéties, de la ferme aux marécages, m'ont menée là où je suis aujourd'hui. J'ai trempé mon orteil dans l'eau, et tout de suite su que je voulais plonger.

Big Fish, plonger... Vous me suivez ?

Le prince Charmant

Hannah Montana était diffusé depuis quelques mois seulement quand je suis allée à un gala au bénéfice de la fondation Elizabeth Glaser contre le sida. Je me rappelle la date exacte : le 11 juin 2006. Ce fut le jour de mon premier coup de foudre. Appelons-le le prince Charmant. Je préfère ne pas dire son nom, parce que ce que je vais vous dire n'a rien à voir avec qui il est ou ce que je représente pour lui. C'est à propos de mes sentiments et de ce que nos relations ont signifié pour moi. Vous comprenez ?

Bon, donc nous étions à ce gala, et j'ignorais tout du prince, sauf qu'une de mes amies m'avait confié qu'il me trouvait mignonne. Il est venu me voir avec sa bande de copains et s'est présenté. J'ai tout de suite eu envie que les autres disparaissent pour rester seule en tête à tête avec lui. Il m'a pris la main en disant : « Je n'aime pas les poignées de main, je préfère les câlins. » Il m'a serrée contre lui. Sa chemise grattait. Je me suis entendue m'exclamer : « Je déteste ta chemise. » En fait, c'est la première phrase que j'ai prononcée : « Je déteste ta chemise. »

J'ai été instantanément conquise. Et qu'est-ce que j'ai fait ? Est-ce que j'ai été cool ? Pas du tout ! Je lui ai demandé de s'inscrire avec moi pour un karaoké. Nous avons écrit nos noms devant la chanson du *Livre de la jungle*, *Être un homme comme vous*. Ça aurait été amusant d'entonner ensemble ces paroles plutôt débiles. Mais le moment venu, il était introuvable. J'ai chanté toute seule. Disons que les gens riaient *de* moi, et non pas *avec* moi !

Il m'a invitée à sortir le soir avec sa petite bande. Maman a dit non en arguant qu'elle ne voulait pas que je rentre tard – j'avais une journée chargée le lendemain. Je l'ai suppliée… Elle a cédé. C'est comme ça que Brandi et moi on a dîné avec le prince Charmant et ses amis. Je me rappelle avoir mis des heures à m'habiller, et, quand je suis finalement descendue, j'étais en… jogging ! Je ne voulais pas avoir l'air d'avoir apporté trop de soin à ma toilette. Mais croyez-moi, c'était le jogging qui tue* !

* Il me plaisait beaucoup ! Je voulais lui plaire aussi !

À la suite de ce dîner, on s'est parlé au téléphone. Il m'a posé des questions sur mes croyances. J'ai répliqué : « Je suis une chrétienne pure et dure. » Il a lancé : « Ah, c'est comme ça aussi qu'on dit dans ma famille. » J'ai pensé que c'était un signe.

Nous avons parlé au téléphone jusqu'à... 4 heures du matin. J'étais vraiment accro, c'est sûr. **Pour moi, la terre s'était arrêtée de tourner. Rien d'autre ne comptait plus**. Je sais que ça semble bête, mais dans ma famille il n'y a pas de règles pour l'amour. Ma mamie a rencontré son mari un lundi, et ils se sont mariés le vendredi suivant. Après quoi ils ont vécu ensemble vingt-sept ans. Maman trouve idiot de dire qu'on est trop jeune pour tomber amoureux. Quand on craque, on craque ! Personne autour de moi n'a cherché à minimiser mes sentiments, ni à se moquer de moi. J'avais rencontré mon prince Charmant... Vous auriez vu le sourire bête qui éclairait mon visage quand j'ai raccroché, cette nuit-là... Et mon cœur tout gonflé d'espoir ! J'ai dormi avec mon mobile contre ma joue pour garder mon prince près de moi.

Nous étions les meilleurs amis du monde. On se parlait tout le temps. Il vivait sur la côte Est, mais il venait souvent à Los Angeles, et je le voyais quand j'étais à New York. Quand il a emménagé à L.A. dans une maison à… vous n'allez pas le croire !… quelques rues de la mienne, nos relations sont devenues plus intenses, et bien plus marrantes ! Nous étions voisins ! Cette proximité nous paraissait toute naturelle. Il voulait que je lui fasse un coucou à 5 heures du matin avant de partir pour le studio : il me suffisait de parcourir quelques centaines de mètres entre chez lui et chez moi. Au début, quand on avait treize ans, on jouait sur sa Nintendo ou au basket dans mon jardin. J'aimais beaucoup manger chez lui, où on préparait une cuisine italienne délicieuse. Et quand je me promenais à vélo – j'adore le vélo –, il marchait à côté de moi en chantant *My Girl**, sauf qu'il remplaçait les paroles par « *Miley, talkin' 'bout Miley* ».

* Par les Temptations.

Waouh ! J'étais super amoureuse. Vous savez de quoi je parle ? Quand cela vous est égal si dehors il fait beau ou s'il pleut. Quand vous avez envie de piquer une tête dans la piscine au mois de décembre. Quand vous êtes prête à danser sous la pluie – mais qu'est-ce que je raconte ? À L.A., il ne pleut jamais ! Ce fut le moment le plus magique de toute ma vie – un rush total.

Ma tournée

On aurait pu craindre que mon amour pour le prince Charmant me distraie de mon travail, mais pas du tout, au contraire. J'étais follement amoureuse. J'avais beaucoup à dire sur mes sentiments, et ça tombait bien parce que j'avais un album complet de chansons à écrire, et vite ! Le premier album *Hannah Montana* est sorti juste après la tournée des Cheetah Girls. Nous avons aussitôt enchaîné avec la préparation d'un deuxième. Mais cet album-là était différent. Ce n'était pas seulement la bande-son de la série. Il contenait deux CD : le premier où je chante les chansons d'Hannah Montana, et un second intitulé *Meet Miley Cyrus*, où je me présentais comme un auteur-chanteur-compositeur à part entière. Voilà. C'était tout à fait nouveau.

Le désir de chanter n'était pas nouveau chez moi. Je ne me rappelle pas l'instant précis où je me suis découvert une vocation pour la musique. C'est comme si j'avais grandi avec ce désir au fond de moi. Parfois il brûlait si fort que j'avais peur : je me disais que c'était dangereux de vouloir quelque chose aussi ardemment. Alors que, d'autres fois, je me coulais dedans comme dans un élément tout ce qu'il y a de plus naturel.

Papa a toujours affirmé que j'avais su chanter avant de savoir parler. Je suis « l'enfant du milieu ». Mes aînés ont le sens des responsabilités. Mes benjamins sont trop choux. Et moi ? Je chante, je danse et je me débrouille pour attirer l'attention sur moi. Dès qu'un adulte franchissait le seuil de la maison, j'enfilais mes bottes de cow-boy, Braison ses Reebok, et nous improvisions dans une pièce à part un numéro de danse et de chant. Quand maman et papa s'apercevaient qu'un, ou une, ou plusieurs de leurs invités avaient disparu, il leur suffisait de suivre le son de ma voix pour les retrouver. Vous vous demandez pourquoi je mets des vidéos sur YouTube avec mon amie Mandy ? Pour tromper l'ennui, pour garder le moral, pour rigoler et parce que, oui, encore une fois, un « enfant du milieu » a besoin d'attirer toujours l'attention sur lui. Quel que soit mon degré de célébrité, j'aurai toujours au fond de moi un besoin irrépressible de me faire remarquer.

Cependant, si je chante et si je joue la comédie, ce n'est pas seulement pour combler un manque d'attention. J'ai toujours été super sensible à l'art en général. Quand j'entends une chanson triste, je ne vibre pas au diapason de la personne au micro. Je m'approprie plutôt sa tristesse. Elle devient mienne et fait désormais partie de moi. Si une chanson triste m'émeut, je peux rester rêveuse pendant des semaines*. *The Rose*, chantée par Bette Midler, me remplit tout à la fois de tristesse et d'espoir. Quand j'entends au milieu de paroles funky le mot « mélancolie », je frémis, ça fait tilt dans mon cœur, et je ne peux pas m'empêcher d'être émue. Ma petite sœur est comme moi – il lui faut des jours pour se remettre d'une chanson nostalgique ou d'un film sombre. Nous sommes nées ainsi. Il y a des chansons qui ont le pouvoir de changer le cours d'une vie.

* Et une tristesse qui dure des semaines, c'est pas terrible !

Cela m'a poussée à écrire des choses qui touchent les gens. Je ne parle pas de faire de la musique triste. Ce n'est pas comme si je me disais : *Bon, je vais écrire une chanson qui va rendre tout le monde mélancolique. C'est ce qu'il nous faut en ce moment… un peu plus de noirceur.* Ce que je recherche, c'est travailler en profondeur. Faire de l'art, c'est entrer en relation avec tout ce qui existe dans le monde. Regardez une photo des années 1950, et subitement vous vous trouvez en contact avec l'époque, le lieu, l'esprit du temps. Regardez la photo d'une plage, et un flot de souvenirs de vacances va vous revenir. Ou si vous regardez une peinture représentant Paris, vous êtes transporté dans une vie de rêve. Je n'ai jamais envie qu'un roman se termine, parce que j'ai l'impression que les personnages sont devenus mes amis. Ils vont me manquer une fois le livre refermé.

Avec la musique, c'est la même chose. Elle vous inspire, vous enrichit, vous rend plus humble et vous étreint le cœur. La musique change votre vie. C'est cela, mon ambition d'artiste. L'art est un cadeau que l'on offre aux autres. Le but de l'art est d'emporter les gens dans un courant d'émotion.

Si vous parvenez à capter une émotion ou une expérience qui ait une portée universelle et que vous la dessinez, la chantez ou l'écrivez de manière que d'autres personnes la ressentent et s'y identifient, alors toutes ces personnes que vous avez touchées seront réunies dans une compréhension commune, et le monde deviendra plus petit et plus amical.

Inutile de le dire, je voulais que *Meet Miley Cyrus* sonne juste… je voulais toucher les gens qui allaient m'écouter. Nous commencions le tournage de la deuxième saison d'*Hannah Montana*. C'est toujours dur de trouver le temps d'écrire des chansons, mais quand on ajoute à ça un tournage, pitié !… Une heure suffit quand je travaille sur une chanson déjà commencée, mais en général je ne peux pas me lancer dans un projet si je n'ai pas tout mon temps devant moi. Je profite donc des soirées, des voyages en avion, de tous ces moments où je peux me donner l'impression que le temps est illimité. Cela me permet d'attaquer de nouveaux morceaux. J'arrive au studio d'enregistrement avec des chansons déjà écrites et d'autres encore en chantier.

À ce stade, le prince Charmant et moi étions ensemble depuis près d'un an, et tout se passait plutôt bien entre nous. Un grand nombre de titres de *Meet Miley Cyrus* sont pour lui et sur lui. Chaque soir, je lui téléphonais et lui annonçais : « Je t'en ai écrit une autre ! ». Vous pourriez vous demander comment j'ai pu pondre autant de chansons sur un seul garçon, moi je sais que j'aurais pu en produire beaucoup plus encore ! D'ailleurs, la majorité des titres sur cet album ont pour sujet le prince Charmant.

Comprenez-moi bien. Notre relation n'était pas de tout repos. J'aime à la comparer à notre ferme, où tout est tellement paisible… D'accord, des orages surviennent parfois, mais un orage, c'est naturel, c'est dans l'ordre des choses. J'aime les orages, ça me donne toujours envie de décoller. D'un autre côté, je préférerais quelquefois ne voir que du ciel bleu pendant des jours et des jours.

Et puis un jour, on a décidé de faire un break. En réalité, j'ai cru que nous allions casser pour de bon. J'avais le cœur brisé. J'ai écrit *Girls' Night Out* pour m'obliger à garder le sourire. Mais juste après, j'ai fait *Right Here* pour qu'en l'entendant il sache combien je l'aimais. Qu'il comprenne que : **« Quoi qu'il arrive/Je serai là pour toi/Où que nous soyons dans cette vie. »** Et puis certains titres de l'album, comme *Clear*, sont ce que j'appellerais des chansons « pré-rupture », où je m'imagine ce que serait mon existence si on cassait et combien je souffrirais.

Le week-end, j'enregistrais en studio. Je volais des petits bouts de temps pour travailler. Je commençais à écrire à la maison, puis je laissais reposer un peu la chanson pour bien la sentir, ensuite je la modifiais ici et là. Et pendant qu'elle était encore toute chaude, avant qu'elle refroidisse, je l'enregistrais. Parfois, pour parvenir au meilleur résultat en art, même si cet art vous est très personnel, il faut que d'autres s'en mêlent. Il y a une personne en qui j'ai une confiance absolue, c'est ma productrice, Antonia. Elle est mon modèle, ma *dream girl*. Quand je lui présente un scénario et un bout de chanson, à nous deux on arrive à façonner quelque chose de superbe, et je sais qu'elle ne révélera jamais à personne comment la chanson a commencé, ce qu'elle signifiait, ni comment elle a évolué. Quand j'avais enregistré ma voix, les ingénieurs du son la retravaillaient, et ajoutaient les instruments et des effets sonores. Tout au long de la post-production, on me soumettait les différentes versions, et je les écoutais des centaines de fois jusqu'à ce que ma chanson soit exactement comme je la voulais.

Après trois ou quatre mois de studio d'enregistrement, il est sorti : mon premier album à mon nom. Enfin, la moitié d'un double CD. Hannah me portait encore. C'était grâce à Hannah qu'on vendait autant d'albums. Mais chaque fois que j'angoissais à la pensée que je devais mon succès à Hannah, je rectifiais :

Attention ! Hannah, c'est moi ! J'ai bossé super dur pour interpréter ce personnage et pour me l'approprier. Ce n'était pas Hannah qui me portait. C'était moi qui nous portais toutes les deux.

Ça n'a aucun sens, je sais !

7 artistes que j'admire

1. Beethoven
2. Picasso
3. Stevie Wonder
4. Celine Dion
5. John Eldredge
6. Antonina Armato
7. Metro Station

Oh, say can you see

Ce printemps 2007, je fus invitée à chanter l'hymne national pour la chasse aux œufs de Pâques dans le parc de la Maison-Blanche. La Maison-Blanche ! J'étais excitée comme une puce, mais, bizarrement, je n'avais pas le trac. Je l'avais connu au début avant les auditions et les spectacles, mais je ne l'avais plus. Il m'avait quittée. Je pense que cela arrive tôt ou tard à tout le monde. Vous vous rendez compte que vous n'avez qu'une vie et qu'il faut tirer le maximum de tous les instants. Inutile de perdre du temps à s'angoisser.

Ma mère, ma grand-mère, mes danseurs et moi avons pris l'avion pour Washington spécialement pour l'événement. Il faisait froid pour un mois d'avril. J'empruntai une tenue à une danseuse, Jen (dont les fringues sont aussi bling-bling que les miennes).

Laura Bush – elle-même, mes amis, l'ex-Première Dame – s'est chargée de me présenter au public. Puis j'ai chanté sur le balcon où le Président prononce ses discours. (Ce serait trop cool si après chaque adresse présidentielle un ou une chanteuse se pointait sur le balcon et cassait la baraque ! Style : voici l'état de l'Union, et maintenant, place au rock ! Quoi, on peut toujours rêver, non ?)

Après avoir chanté, je suis descendue me mêler à la marmaille. Clifford le grand chien rouge (du moins une personne déguisée) et des personnalités connues du monde politique tournicotaient sur la pelouse. J'ai réussi quelques jolis flips arrière sur cette pelouse, d'ailleurs*.

La chasse aux œufs eut lieu à l'époque où j'écrivis *Girls' Night Out*, ce qui signifiait que le prince Charmant et moi avions mis sur « pause ». Nous étions jeunes et menions des vies étranges.

Mais il se trouva qu'il participait lui aussi à la chasse aux œufs. **Dès que je posai les yeux sur lui, mon cœur fit la roue**. (J'accomplis ce jour-là beaucoup d'acrobaties, aussi bien réelles que virtuelles.) Peu importaient les disputes et les mots échangés, peu importait si c'était dur et si nous marquions une pause. Je n'avais

* Il faudra que je raconte ça à mes petits-enfants.

7 changements que je voudrais voir se produire dans le monde

1. Que personne n'ait plus faim
2. Qu'il n'y ait plus de sans-abri loin d'un bon lit et d'une famille gentille
3. Qu'il n'y ait plus de commentaires mesquins sur les murs de Facebook
4. Qu'il n'y ait plus de petites brutes à l'école
5. Que tout le monde ait l'eau courante et que cette eau soit propre
6. Qu'il n'y ait plus d'aliments bourrés de produits chimiques et d'hormones
7. La paix dans le monde ☮

aucun doute : nous étions de nouveau ensemble. Ou mieux : nous n'avions jamais cassé. À présent, le monde était beau, le monde était un paradis.

J'ai eu des moments formidables dans ma vie, je sais. Mais je n'oublierai jamais le jour où j'ai chanté à la Maison-Blanche, où j'ai présenté mamie à Laura Bush et où je suis retombée amoureuse du même garçon.

À propos de mon visage

J'étais heureuse. Je menais la vie dont j'avais rêvé. J'étais entourée par les miens et par mes amis. Mon score* à Guitar Hero s'améliorait. Tout marchait bien* pour moi. Et puis, brusquement, rien n'alla plus.

* Enfin, j'étais encore coincée à « difficile », mais je m'amusais !

* Super bien !

Un beau matin, je ne suis pas arrivée à sortir de mon lit. C'était vers la fin de la deuxième saison d'*Hannah Montana*. Il se passait des tonnes de choses. La série avait tellement de succès qu'Hannah Montana n'était plus seulement un personnage, mais aussi une marque ! Se préparaient une tournée, des albums, des articles dans la presse, des campagnes publicitaires, des galas de bienfaisance et des *lunch boxes* ! Je n'aurais pas été étonnée de découvrir dans mes toilettes du papier hygiénique Hannah Montana. (Mais je ne sais pas trop ce que j'en aurais fait.) Il y avait de quoi être excitée, me direz-vous, mais je me sentais bizarrement détachée. Toutes les décisions étaient prises par les patrons de Disney. Je me contentais d'aller là où on me le disait, aux dates indiquées. Le plateau de tournage, les soirées, les week-ends… je n'arrêtais pas. Et ma santé s'en ressentait.

Je préférerais vous dire que ma célébrité toute neuve m'avait épuisée. Hélas, ce serait faux : si je n'ai pas pu me lever ce matin-là, c'était parce que je trouvais que j'avais une peau affreuse. **Je ne pourrais pas me considérer comme une jolie fille. Rien ne pourrait y faire**.

Mon papa avait eu des problèmes de peau à l'adolescence, et l'état de la mienne s'aggravait à mesure que la saison de la série avan çait. En plus, le maquillage n'améliorait pas les choses*. Et comme

*
Fond de teint ✓
Stress ✓
Pas assez de sommeil ✓
Quatorze ans ✓
Être la risée des gens sur Internet ✓

La beauté nous est hostile. Nous passons notre vie à essayer de nous l'approprier. C'est une bataille perdue d'avance. La beauté est indéfinissable. La seule manière d'être belle, c'est de se sentir belle à l'intérieur, sans chercher à détailler son physique.

si mon miroir ne me montrait pas déjà assez que je n'étais pas jolie, des gens commençaient à me poster des messages perfides sur le Net.

Comment allais-je pouvoir me présenter au studio ? Il n'était pas question qu'ils me filment avec une peau aussi horrible. À la limite, il valait mieux ne pas mettre le nez dehors ! Imaginez qu'un fan prenne une photo de moi ! En général, je vais à la gym le matin. Mais tous ces miroirs dans la salle de gym, comment les affronter ?

Je n'en pouvais plus. Et si encore il n'y avait eu que les boutons. Mais je pensais vraiment que j'étais nulle. Je refusais de me lever. J'étais incapable de bouger. Bientôt, il fut 2 heures de l'après-midi, et j'étais censée être déjà au studio. Maman, qui venait régulièrement voir comment j'allais, a fini par me menacer en disant : « Je vais appeler ton père. Il va être obligé de prendre le premier avion pour rentrer. » Elle voulait m'arracher à mon lit pour que je retrouve la vraie vie et la lumière du jour. Mais ce n'était pas si simple.

Si vous me posez la question
Je ne crois pas avoir la réponse

Mon cœur sait la vérité, mais
Il ne l'a pas dite à mon cerveau.
Parfois je souhaite avoir des ailes et m'envoler
Car je ne sais combien de temps je vais encore pouvoir rester.

Finalement, ma maman a réussi à me traîner jusqu'au studio, mais elle n'est pas arrivée à chasser les nuages noirs. Je voyais mon visage maquillé, ou retouché sur Photoshop dans les pages des magazines, un visage à la peau lisse et parfaite. Puis je me regardais dans la glace et je voyais la réalité. Vous savez comment ils s'y prennent dans les magazines : aucun mannequin, célébrité ou star n'est aussi extraordinaire dans la vraie vie qu'habillé, maquillé et retouché à l'aérographe virtuel. Alors, voilà, si jamais vous vous surprenez un jour à regretter de ne pas être aussi belle que Miley Cyrus – ce n'est pas obligé, je n'ai quand même pas cette prétention –, n'oubliez pas ceci : la vraie Miley Cyrus n'est pas aussi belle que la Miley Cyrus de la photo ! Croyez-moi. J'étais devenue obsédée. Je me contemplais pendant des heures dans le miroir, en me détestant royalement. Si tout le monde avait les yeux braqués sur moi, pourquoi fallait-il que je sois aussi moche ?

Cela avait commencé par la peau, puis ça a fait boule de neige. Je n'aimais pas mon look, ni mon corps, ni ma personnalité, ni rien de ce qui me concernait. Comment Dieu pouvait-il être aussi cruel

7 choses que j'aimerais voir changer chez moi

1. Ma voix, trop forte
2. Mes cheveux, trop frisés
3. Ma peau, trop moche
4. Mon goût pour les muffins, excessif
5. Les ongles de mes orteils
6. Mon regard sur moi-même, que je voudrais plus franc
7. La façon dont je renifle en riant

avec moi ? Je sais, je sais, j'en fais trop. Quelques boutons n'ont jamais damné personne ! Mais soyez indulgent. Je suis une ado. Les bons jours, je reconnais facilement que ce sont des préoccupations superficielles. Je sais qu'il faut relativiser. Mais cela ne signifie pas que j'y parviens.

Il était indispensable, au moins, d'améliorer l'état de ma peau. Je consultai donc un dermatologue. J'y croyais dur comme fer. Je me disais : *On est à Los Angeles. Les médecins ici possèdent le secret de toutes sortes de remèdes miracles pour rendre les acteurs merveilleusement beaux.* J'avais dans l'idée qu'ils avaient à leur disposition un aérographe réel qui couvrirait l'horreur jusqu'à mon vingtième anniversaire. Eh bien, tintin !

Si vous avez eu de l'acné, vous savez qu'il n'existe pas de solution instantanée. Je suis sortie de chez le dermato plus déprimée que jamais. Ma maman a tenté de me raisonner. Elle m'a dit ceci : « Chaque matin, au réveil, de deux choses l'une : soit tu décides d'en vouloir à la terre entière, soit tu t'en fiches. C'est un ennui passager. On fait tout pour t'en guérir. Mais en attendant, tu dois te rappeler qu'il y a bien pire. » Maman, je sais, a appris cette philosophie auprès de mamie, qui répétait souvent : « Tout se combine toujours pour le meilleur. » Cette fois, je levai les yeux au ciel. Bien sûr, il y avait pire. Bon, maintenant, non seulement j'étais moche mais aussi centrée sur moi-même. Mais maman a continué : « Je sais que ça ne te console pas, mais il faut que tu choisisses quelle attitude adopter à l'égard des problèmes de tous les jours. Tu peux te mettre en colère et trépigner de rage. Ou tu peux te dire : j'ai de l'acné comme tout le monde, et après ? ». J'écoutais les mots qu'elle prononçait sans vraiment les entendre. Je ne pouvais – ni ne voulais – les enregistrer.

La fin de la saison fut terrible pour moi. Je ne parlais plus à personne sur le plateau. J'étais de mauvais poil. J'arrivais en retard. Je ne me confiais à personne. Ils ignoraient à quel point j'étais flippée, même si à un moment donné l'assistant du réa de la série s'est exclamé : « Où est passée Miley ? C'est pas notre Miley, ça ! ». Il avait raison. Je n'étais plus moi-même. Ce n'est pas mon style de ruminer des idées noires, mais, je ne sais pas pourquoi, je ne parvenais pas à les chasser.

L'assistant vint carrément me trouver pour me demander ce que j'avais. Je lui avouai pour ma peau (alors que ce n'était pas tout), et il me raconta son propre combat contre l'acné. Alors, je regardai autour de moi et je me dis que tout un chacun avait rencontré des obstacles dans sa vie. Je savais que je n'étais pas la seule ado dont le souci majeur était l'acné, mais je compris qu'on finissait par s'en sortir. **Vous jouez le jeu. Vous survivez. Vous grandissez et vous réussissez dans une carrière. Après coup, vous vous rappelez ces grandes/petites épreuves. Et ces souvenirs vous rendent plus humain**. Parler à l'assistant réa, parler à ma maman, ce n'était pas le remède universel, mais je parvins à me lever le matin. C'était déjà ça.

À la fin de la saison, j'étais plus occupée que jamais. À la veille de partir en tournée, je n'avais pas le temps de réfléchir. J'étais sans cesse en train de danser, de transpirer, de travailler tard. Ça m'aidait à ne pas penser. Mais quand je rentrais à la maison, privée de ces distractions, j'étais de nouveau assaillie par la haine que je m'inspirais à moi-même. Je n'arrivais plus à relativiser.

La fille la plus chanceuse du monde

Si j'avais perdu la juste mesure des choses, ce n'était pas seulement à cause de mes problèmes de peau. Toute cette attention que je recevais, même pour quelqu'un d'aussi gourmand que moi dans ce domaine, cela me centrait trop sur moi-même. En conséquence, j'étais malheureuse. Tout en ayant conscience que mes ennuis étaient mineurs, je ne pouvais pas me les sortir de la tête. Une enfant gâtée, voilà ce que j'étais devenue. La célébrité. Hollywood. Je n'étais plus Miley ! Ah, je devais sortir de cette ornière !

Vous vous rappelez ce que j'ai dit sur mon papa ? Durant toute mon enfance, dès qu'il sortait de son spectacle, il fonçait offrir les fleurs et les cadeaux qu'il avait reçus aux enfants malades de l'hôpital le plus proche…

C'était toujours comme ça avec lui. J'ai grandi en visitant des hôpitaux. Quand j'ai commencé à tourner *Hannah Montana*, je l'ai imité. Ces gamins n'avaient pas de quoi se réjouir. Ils étaient des victimes impuissantes. Ils avaient la rage au cœur mais ne pouvaient accuser personne. La maladie et le malheur ne leur laissaient pas de répit. Cependant, il y avait parmi eux beaucoup de fans de la série. Je voyais bien que, lorsqu'ils la regardaient, pendant trente minutes ils oubliaient leurs souffrances, il leur arrivait même d'avoir l'air heureux.

Quand le deuxième CD, *Meet Miley Cyrus*, est sorti, j'étais encore au fond du trou, déprimée et me détestant moi-même. Puis je suis allée à l'hôpital des enfants malades offrir à chacun mon nouveau disque. Des gamins qui n'avaient pas souri depuis des siècles m'ont souri. Une petite fille est venue à ma rencontre en traînant avec elle son oxygène. Elle était en chimiothérapie. Elle n'avait plus de cheveux, et plus beaucoup de temps à vivre. Quand je lui ai tendu mon CD, elle m'a dit : « Aucune fille au monde n'a autant de chance que moi. » J'étais bouleversée. Elle était presque en train de mourir sous mes yeux.

Qu'une petite fille puisse être atteinte d'un cancer, c'était pour moi inconcevable. Mon papi était grand, et fort, pourtant son cancer le faisait tellement souffrir qu'il en pleurait ; alors, si lui pleurait, c'est que sa douleur était au-delà du supportable. **Imaginer qu'un enfant puisse souffrir autant... au lieu de taper dans un ballon, ou de jouer à la princesse, ou de sauter à la corde... Un petit enfant qui n'a pas encore assez d'expérience ni de sagesse pour traverser une épreuve pareille... C'est une idée insupportable.**

Si un cadeau aussi modeste et un peu de musique peuvent rendre un enfant heureux, alors je suis prête à continuer dans la voie que j'ai choisie. Lorsque je leur rends visite, à ces petits malades, ce que je cherche avant tout, c'est les entendre rire. Je ne m'en vais pas avant. Quand je n'ai pas le temps de me rendre en personne à l'hôpital, je téléphone. Quand je ne peux pas téléphoner, j'envoie des vidéos. Je ne me prends pas pour ce que je ne suis pas, style « Me voici, je suis Miley Cyrus et je peux changer votre vie » ! Seulement, si ma carrière me permet d'acquérir un peu de pouvoir, je veux m'en servir de manière bénéfique. Alors, si j'arrive à ensoleiller la journée d'un enfant malade, je n'hésite pas !

En rentrant de l'hôpital ce jour-là, je sentis les nuages noirs s'évanouir discrètement. J'étais tellement triste et émue ! Je priais pour tous ces enfants

7 choses que je voudrais voir se réaliser

1. Un remède qui guérisse le cancer
2. Le retour de la mode des années 1980
3. Que tout le monde s'aime
4. Je suis un artiste peintre de talent :)
5. Johnny Cash est vivant
6. On est capable de remonter le temps
7. Les étoiles prédisent l'avenir

hospitalisés à qui je venais de parler. À les voir souffrir – et survivre –, j'avais reçu un choc. Comment, après ça, m'apitoyer sur mes problèmes de peau et le reste… alors que j'avais dans la vie une chance fabuleuse ?

Une semaine plus tard, je rencontrai Vanessa, qui allait changer ma vie pour toujours. C'était avant une animation Disney dans un hôpital de Los Angeles. Vanessa avait neuf ans. Elle était atteinte de mucoviscidose. Elle était vêtue d'un costume de Cendrillon*. Mais elle ressemblait comme deux gouttes d'eau à Ariel dans *La Petite Sirène**. Elle avait des yeux verts, plein des taches de rousseur et des cheveux d'un roux flamboyant. Je lui ai dit : « Que tu es belle ! ». Elle m'a répondu « Toi aussi » et m'a fait un gros câlin. J'étais bouleversée. Elle avait quelque chose d'un ange. Le courant est tout de suite passé entre nous. J'avais trouvé une amie. Un peu comme la première fois que j'avais vu le prince Charmant. C'était une sorte de coup de foudre d'amitié. On a parlé longtemps, et quand j'ai été obligée de partir, j'ai demandé à ma maman de prendre l'adresse e-mail de la maman de Vanessa pour que nous ne nous perdions pas de vue.

* Non, Disney ne m'a pas payée pour écrire ça !

* En fait, Disney m'a payée pour écrire ça, mais personne ne m'a dit ce que je devais dire.

Le lendemain de cette animation Disney, je devais enregistrer une chanson. Mais arrivée dans le studio, j'étais paralysée. Des larmes me sont montées aux yeux. J'ai fait semblant de ne pas me sentir bien et je suis vite sortie. J'avais honte de pleurer devant tout le monde. J'étais incapable de chanter. La musique, pour moi, c'est toute ma vie – j'adore le travail en studio. Mais je ne pensais plus qu'à Vanessa et je voulais vérifier si elle allait bien.

Je n'avais qu'une hâte, la revoir. Mais ma maman ne retrouvait plus l'e-mail de la maman de Vanessa. Maman a tendance à tout égarer. Elle égare, par exemple, son mobile, plusieurs fois par jour. On est donc retournées à l'hôpital sans savoir si on allait y trouver Vanessa. Je ne connaissais même pas son nom de famille. J'ignorais tout d'elle – sauf qu'elle était formidable. Les employés de l'accueil ne purent nous aider : on téléphona à mon papa pour qu'il cherche l'adresse e-mail dans les affaires de maman. Finalement, le directeur de l'hôpital est arrivé. Il a su tout de suite de qui on parlait, et nous a annoncé qu'elle était rentrée chez elle pour la semaine. La semaine suivante, nous lui avons fait la surprise de revenir la voir ! Je suis un drôle de mélange, à la fois mûre pour mon âge et pas mature du tout. Vanessa était comme moi de ce point de vue. On vibrait sur la même longueur d'onde. C'est pourquoi nous avons été amies super vite.

Ce qu'elle nie !

J'invitai Vanessa à me rendre visite sur le plateau. Elle était toujours sous oxygène et ne pouvait s'empêcher de tousser. Sa maman lui tapait dans le dos quand elle avait une quinte. On m'avait dit qu'elle vivrait, avec un peu de chance, jusqu'à treize ans, et, avec beaucoup de chance, jusqu'à vingt. Elle devait faire très attention à ne pas attraper de microbes. J'étais obligée de porter un masque pour lui parler. Un jour, elle voulut emprunter le rouge à lèvres de sa mère… qui ne voulut pas le lui prêter à cause des « bactéries ». Vanessa fondit en larmes en disant : « Toutes les autres filles se maquillent. » Je me rendis compte combien ce détail était révélateur.

Je m'étais mise à prier Dieu de me débarrasser de ma vanité et de mon égoïsme. Il me suffisait de regarder les nouvelles à la télé ou de me remémorer les enfants hospitalisés, pour prendre la mesure de l'absurdité de cette comédie que je jouais. **Après ma rencontre avec Vanessa, je n'ai plus été obsédée par ma peau, et les nuages noirs se sont définitivement évaporés dans l'atmosphère**.

Le 21 septembre 2007

Aujourd'hui, c'est jour de casting pour la saison 2 d'Hannah Montana. Oui, c'est la fin d'un voyage, et je commence à parcourir de nouveaux chemins. Je ne permettrai jamais à mes rêves de mourir et je n'oublierai pas combien je suis privilégiée. Je continuerai à croire que rien n'est impossible et que Jésus-Christ sera à mes côtés tout au long de la route.

Je n'oublierai jamais tout ce qui m'a été donné. Je vais partir pour ma première tournée de concerts en tête d'affiche dans un mois environ, entourée de ma famille et de mes amis.

J'ai une chance extraordinaire ! ♡

Je n'irai pas jusqu'à affirmer que je suis totalement blindée de ce point de vue. Quand je lis sur le Net que des gens jugent que j'ai des « chemollettes », c'est le super flip. C'est un mot composé à partir de « cheville » et de « mollet » pour dire qu'on a des grosses chevilles qui vous font des poteaux. Papa me console en me disant : « T'en fais pas, mon cœur. Chez les Cyrus, les femmes ont toutes des "chemollettes". C'est un trait de famille. Tu devrais en être fière. » Merci, papa ! J'avais déjà compris que je n'avais pas les chevilles les plus fines du monde. Mais de là à lire sur le Net que ça saute aux yeux ! J'étais tellement furieuse en lisant ces commentaires que ma mère m'a confisqué mon ordi.

Le pire moment d'insécurité, c'est quand on perd tous ses moyens et qu'on a l'impression que les gens vous attendent au tournant pour vous condamner. Ça devrait être tout le contraire. Le regard des autres devrait être affectueux. C'est un truc que nous ferions bien de nous transmettre les uns aux autres : le sentiment que nous sommes là pour nous entraider, et non pour nous mépriser.

J'ai seize ans. Parfois j'ai du vague à l'âme. Je suis encore trop jeune pour être toujours philosophe. Je ne pense pas que cela soit possible. Quoique, me direz-vous, on peut toujours essayer. Je voudrais voir les choses d'une manière positive. J'ai la chance de mener une vie exceptionnelle, j'en suis consciente et très reconnaissante. Je suis confrontée à de nombreux défis. Les gens sont parfois méchants, sournois, envieux, hostiles ou critiques. Il y en a même qui détestent franchement mes chevilles et jugent nécessaire de le faire savoir sur un forum ! Mais moi je m'en fiche. Ça fait partie du jeu, et pour rien au monde je ne

es médias, toujours les médias.

Radio Disney !

Voyager comme une star ne se démode jamais !

Dans les airs en direction du plateau d'Oprah !

Voyage de reine pour mon concert à San Diego.

Famille

Étirements.

À la Maison Blanche
avec mes copines.

En face
de l'Arc
de triomphe.

Brandi et moi à Times Square
pour le Nouvel An.

Mon premier séjour à Londres.
Je suis une vraie touriste !

J' ♥ mon cheval !

Mon premier concert dans un coffee shop !

Ma mamie Ruthie.
Elle a toujours été là pour moi.

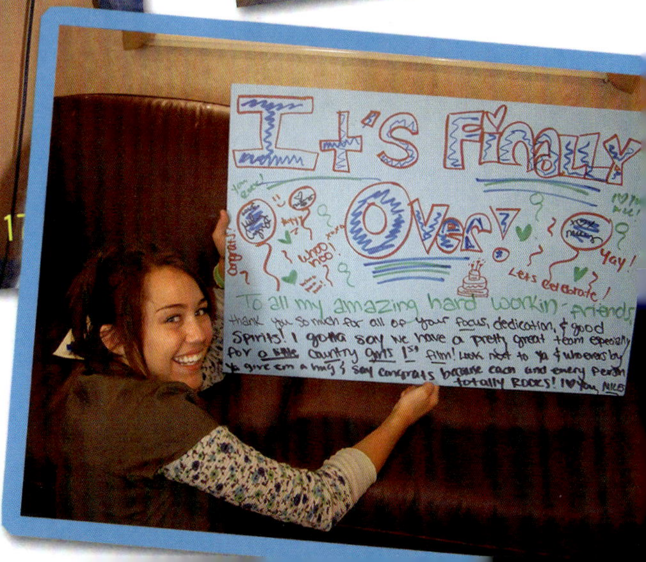

Merci à l'équipe.

En haut à gauche : Échauffement avant un grand spectacle – ma chorégraphie a besoin d'un peu de travail…

Maman et moi.

Toujours un moment pour faire les imbéciles !

C'est vraiment exaltant de marcher sous la scène avant mon numéro d'ouverture.

S'éclater sur scène !

J'adore la vie !

voudrais d'une autre existence. C'est ce que je me dis – et maman se charge de me le rappeler – quand il m'arrive d'être abattue par la méchanceté et la médiocrité de mes semblables. On n'est pas né philosophe, on le devient ! Je dois apprendre à relativiser et à tout mettre en perspective, et, comme pour tout ce que j'entreprends, je m'y donne à fond.

ÉTAPE 3

Grandir

Best of Both Worlds

14 octobre 2007

Aujourd'hui, c'est le premier jour de la tournée. Nous sommes à Saint Louis. Les trois prochains jours : répétitions. Ensuite viendra notre premier concert – avec mes amis et les Jonas Brothers, super génial ! J'ai hâte ! Je fais ce que j'♡ avec les gens que j'♡ ! Pour venir, on a pris un jet super cool – on a vu papa, c'était tellement marrant !

♡♡ Miley

La tournée Best of Both Worlds était au départ une idée fantastique. Pour en avoir déjà fait avec mon papa et avec les Cheetah Girls, je savais ce que c'était que de vivre dans un bus, de patienter *backstage* en attendant son tour et d'entendre hurler un stade entier. Sauf que, cette fois, les gens ne hurleraient pas le nom de papa, ni celui d'Hannah d'ailleurs ; ils allaient crier… Miley !

Au temps où j'assurais la première partie des Cheetah Girls, je me produisais uniquement en tant qu'Hannah. Cette fois, non seulement j'étais en tête d'affiche, mais en plus, la moitié du concert, je chantais en tant que Miley Cyrus. Le public ne se rend peut-être pas compte – je veux dire, j'ai la même voix dans l'un et l'autre cas –, mais pour moi c'est très différent.

Les chansons d'Hannah ne sont pas sur le même thème. Hannah parle de ce que ça signifie d'être une célébrité, alors que dans son cœur on est une fille comme les autres. Même si je trouve géniales les chansons *Just Like You* et *Best of Both Worlds*, je n'y suis pas aussi attachée qu'aux miennes. Je me concentre sur la chorégraphie et sur les mouvements d'Hannah. D'une certaine façon, c'est plus facile pour moi que lorsque je suis moi-même, quoique ce ne soit pas toujours commode de jouer ce rôle*.

Quand je chante mes propres chansons, c'est un vrai bonheur. Je parle de choses qui me sont chères.

* Et de porter cette perruque !

La perte d'un grand-père. Les bourdes que j'ai commises avec mes amies. Des trucs qui me rendent heureuse ou malheureuse. Je les sens avec toute mon âme et je suis davantage en accord avec le public.

Et là, le public était immense ! Voyons, quelques chiffres d'abord. Best of Both Worlds fut ma première tournée en tête d'affiche. Du milieu du mois d'octobre 2007 jusqu'à la fin janvier 2008, j'ai chanté 68 fois dans 59 villes différentes. Dans chaque stade, le public comptait de 10 000 à 20 000 personnes.

Si j'ai bien compté.

Ici, en Amérique, sur scène, pour vous porter chance, on vous dit « *Break a leg* » – « Casse-toi une jambe ». Eh bien, une semaine après le début de la tournée, j'ai bien failli m'en casser une pour de bon. C'était à Salt Lake City. Pendant la chanson *I Got Nerve*, la chorégraphie voulait que je sois soulevée puis lancée dans les airs par quatre danseurs costauds, qui devaient bien sûr aussi me rattraper. Ce soir-là, ils m'ont lancée trop fort. Je suis montée tellement haut que je suis descendue plus vite que prévu, et plus lourdement. Ils ne s'y attendaient pas. J'ai traversé le filet de leurs bras tendus et suis tombée. Bien sûr, c'était pendant la partie « Hannah Montana ». La partie « Miley Cyrus » ne comportait aucun numéro d'acrobatie. Cela ne me ressemblait pas. Sauf que si Hannah se cassait la jambe, Miley Cyrus aussi !

J'ai eu de la chance. Rien de cassé – pour cette fois. Je me suis relevée à la seconde pour enchaîner, mais le public avait eu le temps de retenir son souffle, puis chaque spectateur de murmurer à son voisin : « Elle est tombée ! ». J'ai continué à chanter, mais ces mots ne voulaient plus sortir de ma tête.

Le ridicule, c'est ça le pire ! Quand on se prend les pieds dans le tapis, on est comme pétrifié et on ne sait plus quelle attitude adopter. Il n'y a rien à faire, il faut ravaler sa fierté. Ce sont des choses qui arrivent. On passe et on va de l'avant.

La chute est mon pire cauchemar. Je ne m'étais pas fait mal, mais j'étais horriblement gênée, ce que je déteste plus que tout. Ils ont modifié la chorégraphie pour éviter que cela se reproduise, mais le lendemain j'étais terrifiée à l'idée que les danseurs allaient peut-être de nouveau me manquer. « Ne m'oblige pas ! Je suis vraiment obligée ? » Je suppliai le réa de supprimer du spectacle ce numéro de lancer. Hélas, il y tenait, parce que le lancer de Miley, disait-il, communiquait un max d'énergie au public.

Maman m'a alors rappelé que j'avais été pom-pom girl. Elle avait raison – on s'y casse tout le temps la figure. En fait, on tombe tellement souvent qu'on s'entraîne à tomber correctement... ce qui permet de tomber encore plus souvent. On n'abandonne jamais. Je me remémorai ma prof de sport, Chastity, disant : « Ne tombe surtout pas à plat. » N'empêche, j'avais toujours la trouille, et j'ai eu la trouille tous les soirs jusqu'à la fin de la tournée. Ça me rappelle une tasse que j'ai vue, avec une citation du poète Emerson : « Fais ce qui t'effraie. » Ce que j'ai fait exactement. Je me suis pliée à ce qu'on me demandait. Je n'ai pas râlé. Aujourd'hui, quand j'y repense, je me rends compte que, chaque jour, j'accomplissais un exploit, parce que, chaque jour, je dominais ma peur. La peur d'être ridicule, c'est ce qui me paralyse le plus. Quand j'ai trop peur, je me cramponne à ce souvenir comme à la preuve que je suis capable de m'en tirer.

Je me produisais tous les soirs sans un seul jour de relâche, ce qui est épuisant. D'un autre côté, les concerts s'enchaînaient sans heurts, puisque je me conformais tous les jours au même emploi du temps :

10 heures environ : réveil dans le bus.

12 h 30 : *sound-check* (vérification du son).

13 h 30 : coiffure et maquillage.

15 heures-17 heures : « *meet & greets* » (autographes).

17 h 30 : début de la première partie du concert.

18 heures : début du concert.

22 heures : retour au bus.

Mes journées étaient consacrées aux préparatifs du concert. Le matin, on faisait le *sound-check* et je répétais ; puis il y avait le « *meet & greets* » avec les amis de mes amis, des lauréats de concours et toutes sortes de gens. J'adore mes fans, mais là ce n'était pas seulement une séance d'autographes. On me réclamait des faveurs – parfois des billets pour le concert du soir même, que je ne pouvais en aucun cas fournir. C'était dur, toute cette excitation, à laquelle s'ajoutait l'obligation de me montrer amicale envers des inconnus chaque jour de ma vie. Les baisers volaient dans tous les sens. On aurait dit un spectacle, un jeu dépourvu de règles, sans gagnant ni perdant, et sans limites. Quels que soient le temps et l'énergie que j'y consacrais, il y avait toujours quelqu'un pour en réclamer davantage et exprimer son mécontentement.

Mes parents sont toujours là pour venir à mon aide quand il le faut, bien sûr. Non qu'ils veuillent m'enlever ma part de responsabilité. Ils considèrent que je fais mon travail et souhaitent que je sois indépendante. Mais quand ils voient que je n'arrive plus à m'en sortir, que je ne sais plus où j'en suis à force de chercher à satisfaire tout le monde, les médias, les fans, les producteurs, ils interviennent. Ainsi je n'ai appris qu'après coup que ma mère avait exclu la presse de la tournée. Je n'eus ni interview, ni show télévisé, ni prestation d'aucune sorte à la télé. Sur le moment, je n'étais pas ravie : après tout, il s'agissait de ma carrière, c'était à moi de prendre les décisions qui me concernaient. Mais maman sait que c'est très dur pour moi de dire non*. Et je suis tellement sollicitée, tout le temps ! Comme je suis jeune, les gens semblent penser qu'il n'y a pas de limites à mon énergie, que je peux tout encaisser. Et je ne suis pas loin de penser comme eux. Mais la vérité, c'est que je ne suis pas en mesure de contenter tout le monde.

* Merci, maman – un merci sincère – de m'avoir sauvée !

La journée se passait dans un tourbillon d'obligations, puis il y avait le concert et, tard le soir (quand je ne m'endormais pas à peine la tête sur l'oreiller), je ressassais des idées. Mon frère Trace était en

Europe. Je n'avais pas le temps d'aller le voir. Devais-je prévoir un voyage ? Et ma sœur ? Comment allait-elle ? Fallait-il plutôt penser au spectacle ? À mes fans ? À ma famille ? Est-ce que j'oubliais un anniversaire ? Et mon énergie, où était-elle censée passer ? Étais-je faite pour cette vie-là ? La tournée employait beaucoup de monde. La foule se pressait à chaque concert. Je me trouvais au centre de tout ça, et je ne voulais pas avancer avec un bandeau sur les yeux, à accomplir mes numéros parce que des producteurs et des spécialistes du marketing jugeaient que c'était une bonne idée, ni pour m'enrichir, ni même par goût personnel pour le spectacle et parce que je voulais qu'on écoute ma musique.

Papa a l'habitude de dire : « Tout le monde ne peut pas devenir prédicateur. Il y a plusieurs façons de représenter la lumière. Si tu peux faire rire et chanter et danser et s'amuser les gens dans ce monde de ténèbres, c'est une grande force. » Je pense qu'il est important de se poser à soi-même des questions sur ce que l'on fait, et sur ses propres buts. Je me pose, quant à moi, beaucoup de questions.

Pendant la tournée des Cheetah Girls pour les petits malades du cancer, je n'oublierai jamais mes impressions à l'idée que ces enfants privés de toute joie de vivre dans leur quotidien puissent assister à mon concert. Je me suis juré alors de veiller à me produire seulement pour de bonnes raisons, et devant un public que j'aime.

Après ma rencontre avec Vanessa, j'ai vu beaucoup plus clair sur ce sujet. Je me suis rendu compte que je voulais aider activement les enfants en détresse. Pour la tournée, j'ai travaillé avec Bob Cavallo et son label Hollywood Records, afin que soit prélevé sur chaque billet de concert un dollar destiné au centre de lutte contre le cancer City of Hope. Être capable de faire rire, chanter et danser, cela vous met de la joie au cœur, mais je voulais aussi pouvoir donner de l'espoir à des enfants comme Vanessa. Qu'ils le sachent ou non, les spectateurs déposaient tous sans exception un dollar dans la tirelire de City of Hope. Nous étions tous unis pour aider ceux qui luttaient contre le cancer. Quand ma famille a débarqué à Los Angeles, elle s'est dit qu'elle venait mettre un peu de lumière dans un monde très sombre. Eh bien, c'est exactement ce que je faisais à présent. Tous les soirs, concert après concert, je gardais cette pensée au chaud dans un coin de mon esprit. Mes gestes sur scène avaient beaucoup plus de portée que ne s'en doutait la foule qui remplissait le stade.

En dépit de toutes ces choses positives, quand on est sur la route, on se sent parfois très seul. Nous ne restions jamais au même endroit plus d'une nuit. Mon unique « chez moi », c'était le bus. Je dormais sur une couchette. Souvent, j'avais envie de rentrer dans ma vraie maison. Cela dit, j'avais de la chance, puisque j'étais entourée de ma famille et de mes amis. Sans eux, je crois que j'aurais craqué avant la fin de la tournée. Mais avec eux, je me trouvais forcément chez moi n'importe où. N'y a-t-il pas un dicton qui dit : « Ma maison est là où est mon cœur ? »...

Je sais que j'évoque souvent mes rêves. Comment l'éviter, alors que ma vie a pris un tour si extraordinaire, surprenant, exaltant ? Cette tournée de concerts se déroula comme un rêve magnifique et épuisant devenu réalité*. J'aurais dû savoir que cela déraillerait quelque part. C'est inévitable avec les rêves : tôt ou tard, ils finissent par s'altérer.

* Sauf pour l'effrayant lancer de Miley !

Une chanson de haine, ça n'existe pas

Le prince Charmant et moi avons cassé le 19 décembre 2007. Ce fut le jour le plus pénible de ma vie. J'avais l'impression de rester immobile, alors que le reste du monde continuait à bouger. C'était pendant la tournée. Les gens comptaient sur moi, mais j'avais la tête… non, le cœur… Oh ! J'avais le tournis.

Les mots me viennent tout naturellement quand je suis face à quelqu'un : il me semble qu'ils remontent du fond de mon cœur jusqu'à mes lèvres et que, forcément, je suis comprise. La veille du dernier jour de la tournée, j'ai écrit dix pages, recto verso, énumérant toutes les raisons pour lesquelles j'aimais le prince Charmant. J'ai ajouté que je l'attendrais et que nous étions faits l'un pour l'autre. Moi, quand j'aime, c'est avec tout mon « moi ». Mais quand l'amour n'est plus là, que faire ?

Si je suis franche avec moi-même, il faut bien admettre que nous ne donnions ni l'un ni l'autre le meilleur de nous-mêmes. Pourtant, c'était ce que je voulais dans notre relation. Que chacun tire l'autre vers le haut.

Mais les choses ne sont pas si simples…

J'étais furieuse le jour où j'ai écrit *7 Things* (*7 Choses que je hais chez toi*). Je voulais le punir, me venger du mal qu'il m'avait fait. La chanson commence par une liste de ce que je « hais » * chez lui, mais comme je n'ai pas un caractère haineux, je savais dès le départ, dans le secret de mon cœur, qu'elle finirait en chant d'amour. Pourquoi ? Parce que je ne le hais pas. Il n'est pas dans ma nature de haïr qui que ce soit. Dans cette chanson, je dis pourquoi je devrais le détester, alors qu'en fait je ne le déteste pas, mais je ne peux pas expliquer pourquoi. Je veux pardonner, pas oublier.

* You're vain, your games, you're insecrure.

Ce que l'on sait dans sa tête n'a rien à voir avec ce que l'on ressent au fond de son cœur. Voici ce que je sais* : je sais que j'ai « seulement seize ans ». Je sais

* Jusqu'ici.

7 choses qui me rendent triste

1. La mort de mon papi
2. Que mes parents ne sauront jamais combien je les aime
3. Que mes chevaux chéris soient à Nashville sans moi
4. Les gens qui ne croient pas en Jésus
5. Les enfants dont les parents ne les couvrent pas de bisous en les bordant dans leur lit ni ne leur disent qu'ils les aiment
6. Que mon frère soit en tournée sans moi
7. La faim dans le monde

que lorsque les gens deviennent des adultes et qu'ils repensent à leurs seize ans, ils se disent : « Bah, je ne savais rien à l'époque. » Je sais que ce que je recherche chez un petit ami va obligatoirement changer avec le temps, parce que moi-même je vais beaucoup changer. Je sais tout cela. C'est vrai.

Et voici ce que je ressens : **il est difficile d'imaginer que notre amour soit une histoire qui se termine par « FIN »**. Le seul bon côté, c'est qu'elle m'inspire de belles chansons.

Un autre ange

31 octobre 2007

Il est 1 heure du matin, et je suis incapable de trouver le sommeil après avoir appris, vers 11 heures du soir, que ma meilleure amie, mon héroïne, la soeur que Dieu a oublié de me donner, n'a plus que vingt-quatre heures à vivre. Je ne sais pas pourquoi cela se passe ainsi, ni pourquoi cela ne veut pas s'arrêter – tout ce que je sais, c'est qu'un nouvel ange va veiller sur moi, et que cet ange portera le nom de Vanessa*.

* Vous vous rappelez ? La petite fille hospitalisée qui ressemblait à Ariel ?

Mon amie Vanessa était très malade. Les médecins disaient que ce n'était plus qu'une question d'heures. Mais je refusais de voir la vérité en face. J'appelai l'hôpital, certaine d'apprendre que son état s'était amélioré, parce que c'était ce que je voulais entendre. Ses parents m'annoncèrent : « Miley, elle est morte. »

Je ne voulais pas le croire. Morte ? Mais elle était tellement jeune ! Je ne pouvais pas accepter une chose aussi monstrueuse. Comment pouvait-elle être morte ? Comment Dieu pouvait-il décider qu'elle avait accompli sa mission ici-bas ? Je n'avais jamais perdu d'ami. J'étais abasourdie.

C'était la nuit. Nous avons fait une halte dans un supermarché au milieu de nulle part. Je n'arrivais pas à me résoudre à remonter dans le bus. J'avais envie que la terre tourne moins vite. Je me couchai dans un champ couvert de neige. Les éclats pointus de la glace piquèrent mes bras nus. Et là, couchée sur le dos, je regardai l'enseigne SUPERMART. Vanessa n'était plus là, et je n'avais pas été auprès d'elle jusqu'à la fin.

Après un moment, maman et Linda, mon professeur, sont venues me chercher. Linda m'a dit : « Pense au bonheur qu'elle a eu grâce à toi. Ses derniers mois ont été heureux. Quand elle a eu besoin de toi, tu étais là pour elle. » Ma maman a ajouté : « Elle avait besoin de toi, cela tu le sais, mais on dirait que tu ne te rends pas compte à quel point toi tu avais besoin d'elle. »

Je respire plus

Je peux pas te dire pourquoi le soleil brille
Je peux pas t'expliquer pourquoi la lune se lève
Je sais pas pourquoi le temps s'envole
Mais si tu me le demandes je te dirai pourquoi...

[Chœur]
Je suis bénie de t'avoir dans ma vie
Je peux pas vivre sans toi à mes côtés
J'ai de plus en plus de mal à respirer
Alors je t'en supplie
Ne l'enlève pas à moi

Je sais, depuis que je t'ai rencontrée
Tu es un ange qui m'a été envoyé
Je me rappelle quand tu m'as regardée
Je suis tombée amoureuse de ton sourire.
[Pont]
Et oui – tu aides mon cœur à battre
Jamais plus je ne serai seule
Tu vivras en moi...

Mandy, et je suis guérie

J'avais l'impression de perdre les gens qui m'étaient le plus chers. Je me sentais seule et à la dérive.

Et puis voilà qu'est arrivée Mandy*.

En fait, on se connaissait depuis longtemps – elle dansait avec moi depuis mes débuts dans *Hannah*. Un soir, au milieu de la tournée, dans un hôtel ringard où on avait garé le bus, on s'est retrouvées toutes les deux à la piscine. Mandy traversait un moment difficile avec une de ses amies. Pour ma part, je vivais mon premier chagrin d'amour. Vanessa n'était plus de ce monde. Mandy et moi, on s'est assises toutes les deux au bord de son lit, à l'hôtel, et j'ai lancé : « Dis donc, tu veux être ma meilleure amie ? ». Elle m'a répondu : « Oui ». J'avais dit ça en l'air. Sans réfléchir.

* Mandy, un chapitre pour toi toute seule, veinarde !

7 personnes sans qui je ne peux pas vivre

1. Mandy
2. Ma grande soeur
3. Ma maman
4. Lesley
5. Ashley Tisdale
6. Auntie Edi
7. Ma mamie

Comme une blague. Mais ensuite, il s'est produit quelque chose d'étonnant. La promesse a tenu.

Vous vous rappelez ma remarque de tout à l'heure, comme quoi, quand on est en tournée, loin de chez soi, les autres – amis, famille – deviennent votre vrai foyer ? Je m'étais un peu repliée sur moi-même. La mort de Vanessa m'a rappelé que je devais m'autoriser à avoir besoin des autres. Il fallait que je cesse de repousser mes semblables et que je ménage à l'amitié la place qu'elle méritait dans ma vie. Mandy et moi, on est comme des gamines quand on est ensemble. On dirait que nous avons l'âge de ma petite sœur. Le cœur d'un enfant, c'est si vulnérable, si léger, si marrant ! Dès le départ, nous avons permis à notre amitié de rester joueuse et insouciante au lieu de la laisser se figer dans quelque chose de convenu. Et c'est formidable. J'ai recommencé à respirer normalement, et mon cœur peu à peu a guéri.

À la fin de la tournée, Mandy et moi, on a fait des étincelles dans la création de vidéos sur le site de YouTube. Au début, on s'amusait avec le Caméscope, on rigolait tout en dansant, pour jouer, puis on a décidé de mettre tout ça sur YouTube. Je vous jure, les docteurs devraient prescrire à leurs patients la création de vidéos sur YouTube ! Rien de mieux pour réparer un cœur brisé. Donc, ce que nous avions commencé pour rigoler a fini par une invitation pour un *dance-off* avec ACDC (L'Adam/Chu Dance Crew). C'est ainsi que Mandy et moi, on est devenues M & M Cru, et que nous avons créé des vidéos. C'était cool, toujours parce qu'on s'amusait bien, même si cela représentait pas mal de boulot impliquant beaucoup de gens. Alors, quand les concours de danse se sont terminés, on est revenues au basique, à notre bon vieux Miley & Mandy show, toutes les deux, pas du tout sérieux – on répondait aux questions des internautes à propos de nos groupes préférés, on interviewait mon papa et ma sœur. Ou on faisait des vidéos, comme celle où Mandy saute en l'air en trouvant la sortie du labyrinthe dans le jeu en ligne Scary Maze. Je crois que c'est celle que j'aime le plus !

Mon amitié avec Mandy va bien sûr au-delà de nos vidéos et de nos parties de rigolade. Mon petit frère Braison était maintenant plus grand que moi, et nous avons eu une énorme dispute, pour un truc idiot, parce qu'il ne m'avait pas donné le bon chargeur de téléphone, je crois. Bon, mais on en est quand même venus aux mains et il m'a poussée dans le frigo... ce qui m'a fait super mal ! Je mesure un mètre soixante-trois, et lui un mètre soixante-dix-huit. Un mètre soixante-dix-huit à treize ans ! Je rêve ! Donc, il est grand. Et moi je craquais... mais ce à quoi je veux en venir, c'est que Mandy, quand j'ai besoin d'elle, je sais que je peux compter sur elle. Si j'ai besoin d'une amie à 4 heures du matin, elle accourra dans les cinq minutes, et je ferais pareil pour elle. Comme elle est plus vieille que moi, elle m'aide à prendre de la distance. Donc, ce jour-là, après ma bataille avec Braison, elle est venue tout de suite et elle est restée avec moi jusqu'à ce que je m'endorme. Il y a des gens qui penseront que c'est bizarre, que c'est trop. Mais moi je pense que si on ne peut pas s'attendre à ça d'une amie, alors il ne s'agit pas d'une véritable amitié.

On ferait mieux de trouver des petits amis en même temps, toutes les deux, afin de limiter les symptômes de manque au moment où on se séparera.

Retour à la maison

Aussi incroyable que cela puisse paraître, le tournage du premier film *Hannah Montana* a constitué une détente pour moi. Oui, c'était un vrai long métrage. Non, je n'avais encore jamais interprété de rôle principal au cinéma. Oui, j'étais présente dans presque toutes les scènes. Oui, j'étais parfois amenée à jouer, chanter et danser simultanément, et en même temps que 1 500 figurants. Mais n'oubliez pas que j'avais passé quatre mois dans un bus, à me produire plusieurs heures par jour, et en dormant dans une ville différente chaque soir. Après quoi j'étais allée tout droit enregistrer mon album, *Breakout*. Alors, après tout ça, me retrouver dans le Tennessee – chez moi ! – où se tournait le film, eh bien, c'était super relax !

Je rentrais tous les soirs dans notre ferme de Franklin. J'avais ma famille autour de moi et mes animaux. Tous les matins, je prenais le temps de tresser les queues de mes chevaux et de regarder les poules mener leur petit train-train stupide mais si mignon. Le soir, quand j'arrivais à rentrer à temps pour admirer le coucher du soleil, je me disais : *Quelle chance j'ai !* Oublié le film. Oubliés mon emploi du temps de dingue et la folie médiatique qui avait mené à ce film, justement. Oubliées les sollicitations constantes. Oubliées les contraintes dès le réveil, quand je me dis : *Il faut que je m'habille comme ça ce matin pour être belle !* Quand vous êtes seule au milieu de deux cents hectares, la bousculade vous paraît loin. Rien ni personne ne peut plus vous harceler. La vie passe plus lentement. Quand Emily est venue en visite, elle a déclaré : « Je comprends maintenant pourquoi tu n'as jamais envie de quitter ta ferme. C'est tellement tranquille... » Et Emily est une citadine, jusqu'au bout des ongles. Relaxant est le mot juste, vous pouvez me croire.

Mon activité préférée quand je suis chez moi, à Franklin, c'est de me promener à cheval avec mon père, de longues balades comme on en fait depuis toujours. Quelquefois, j'ai l'impression que les chevaux sont spécialement gentils quand ils savent que c'est moi qu'ils ont sur le dos. Ils marchent plus lentement. Ils contournent les ornières. Ils évitent de faire de faux pas. Comme je les monte depuis ma plus tendre enfance, ils doivent croire que je suis encore une petite fille qui a besoin d'être dorlotée. Mais pendant le tournage du film, mon gentil Roam a eu peur d'un serpent. Il s'est cabré puis s'est mis à ruer comme un malade.

Vous avez déjà eu un accident de voiture ? Vous savez comment tout semble soudain se dérouler comme dans un film au ralenti ? On a le temps de penser à mille choses en deux secondes ! Eh bien, c'est ce qui s'est passé avec les ruades de Roam.

Quand un cheval tombe, il vaut mieux ne pas se trouver dessous, c'est évident. Un cheval, c'est gros. Ça doit bien peser dans les cinq cents kilos, non ? Je fais environ le dixième de ce poids. Qui va gagner ? Qui va faire mal à qui ? La réponse est facile. « Non, Roadie ! », dis-je à un petit chien d'un kilo en me sentant grande et forte. Mais à cheval, la bête qui est censée vous obéir a manifestement le dessus. Même si vous ne vous faites pas mal en tombant, s'il vous piétine sans le faire exprès, vous êtes fichu. Mon papa a eu le pied cassé comme ça. Il dit que c'était comme si une voiture lui avait roulé dessus.

Bon, toutes ces pensées défilaient dans ma tête pendant que mon cheval jouait au rodéo. Mais j'ai réussi à rester en selle ! (J'aurais bien voulu que les paparazzi soient là, pour une fois !) Je me suis cramponnée et je suis restée bizarrement calme. J'ai pensé : *Ce cheval ne me videra pas. Nous nous aimons trop. Il va prendre soin de moi. Il va me protéger. Il ne me permettra pas de tomber.* Papa a sauté à terre et m'a aidée à descendre dès que le cheval a cessé de ruer. Dès que mon cœur a repris son rythme normal, on est rentrés à la maison. Je n'ai pas parlé de ma mésaventure le lendemain sur le plateau. Inutile de dire qu'ils n'auraient pas été ravis d'apprendre que j'avais risqué d'être piétinée par un cheval.

Mais où voulais-je en venir, déjà ? Ah, oui… la visite d'Emily. Pendant les deux premières saisons de la série *Hannah Montana*, il y avait eu des tensions entre nous. Pas qu'on se détestait, non, mais on ne s'entendait pas très bien. Et à présent, nous tournions un film ensemble, dans le Tennessee. N'ayant nulle part où aller les jours de repos, elle venait chez nous.

On a pris des quads et on a roulé jusqu'à une maison abandonnée dans un coin de la propriété. Il y a toutes sortes de trucs qui traînent là-dedans depuis des siècles : des pistolets rouillés, des flacons de médicaments vides, des vieilles godasses. Emily et moi avons gravi avec mille précautions les marches de l'escalier pourri, en nous tenant par la main. Il y avait eu une tempête, et le vent avait apparemment livré un nouvel assortiment de trésors. Des balles de pistolet étaient éparpillées sur le plancher. Une coupure de presse jaunie. Une glacière – cela m'étonnerait quand même que ce soit le vent qui l'ait poussée, celle-là !

Puis on a repéré dans un coin quelque chose de duveteux. Deux trucs duveteux, en fait. Au début, on a pensé à des bébés dinosaures. C'était tellement bizarre dans cette baraque qui s'en allait en morceaux que j'étais presque persuadée que c'étaient vraiment des bébés dinosaures. Ou un croisement entre un canard et un raton laveur. Un « canard laveur ». Je me rappelai ensuite que des faucons – ou étaient-ce des dindons ?... – avaient fait leur nid dans la cheminée. Et voilà les bébés, bien sûr ! Des petits canards laveurs. Emily et moi, on est restées là à les regarder pendant des heures. On n'est pas devenues sœurs de sang ni même meilleures amies, mais ce fut un grand moment que nous avons partagé, loin du monde du spectacle et du cinéma, et de toutes les petites frictions au quotidien. On est rentrées à la maison en offrant nos visages à la caresse du vent. Quelque chose avait définitivement changé dans notre relation.

7 petites manies

1. Avec moi, c'est cinq bracelets ou rien
2. Quand je ris, je ferme un œil
3. Je ne porte jamais ensemble du bleu et de l'orange (les couleurs de mon collège)
4. Je déteste les mots « croûte », « potage » et « crémeux »
5. Je range ma chambre tous les soirs avant de me coucher
6. On m'appelle la « sans-chaussette » parce que j'en égare toujours une dans mon lit
7. J'effrite mon vernis à ongles

Toujours plus haut : *The Climb*

Quand j'ai lu le scénario d'*Hannah Montana, le film*, j'étais vraiment très heureuse. Je ne voulais pas que ce soit un épisode super long de la série télévisée. Un film, cela doit aller plus loin dans l'émotion (et dans l'intrigue) qu'une comédie d'une demi-heure. Le scénario était plus profond que prévu, exactement comme je l'espérais. J'avais l'impression que j'allais pouvoir me donner encore plus à fond dans mon personnage.

Au cours des tournages de la série, j'étais devenue de plus en plus adepte de la « Méthode ». Dans cette technique de jeu, vous puisez dans votre expérience personnelle pour exprimer les émotions qui animent votre personnage. Quand vous devez être triste, vous pensez à des choses qui vous ont fait de la peine. Je m'étais mise à parler d'Hannah comme s'il s'agissait d'une vraie personne, parce que je pensais à elle comme à quelqu'un de vivant. Les jours où je tournais des scènes où Hannah est insupportable, je rentrais chez moi de mauvaise humeur. Je ne crisais quand même pas, mais j'étais renfrognée et ronchon. En fait,

7 choses qui me distinguent d'Hannah Montana

1. Je ne suis pas parfaite
2. Je n'aime pas les couleurs vives
3. Je n'aime pas les talons
4. Je ne porte pas de perruque
5. J'ai du mal à garder des secrets
6. Je ne suis pas cool
7. Mon papa n'est pas vraiment mon manager (ouf !)

je travaillais mon personnage dans ma tête. Quand, dans le film, Miley cette fois se régale de plats de la cuisine du Sud et va se promener avec sa grand-mère, je faisais exactement la même chose dans ma vraie vie.

Je travaillais neuf heures par jour, à danser, chanter et jouer la comédie, mais comme je me trouvais dans le Tennessee, je ne voyais pas le temps passer. J'étais chez moi. J'étais entourée par ma famille, ma mamie était avec moi toute la journée, tous les jours de ma vie. Le cadre était familier, même si je ne connaissais pas tous les endroits où on tournait. Je me rappelle une scène. J'étais assise au milieu d'un grand champ de pâquerettes avec, derrière moi, des ventilateurs électriques énormes qui soufflaient une petite brise sur les fleurs. À condition de ne regarder ni les caméras, ni les projecteurs, ni les ventilateurs, le cadre était d'une beauté inouïe.

Le moment le plus terrifiant, ce fut la scène avec Lucas Till, qui jouait Travis Brody, mon petit ami potentiel dans le film. Bon, dans cette scène, nous allons tous les deux au bord d'une cascade où nos personnages se sont amusés quand ils étaient petits. Nous étions supposés sauter du haut d'un rocher dans les tourbillons. Comme cela faisait des jours que je ne mangeais que des trucs frits bien gras, je me sentais trop grosse et je savais qu'une fois mouillé mon tee-shirt moulerait mes bourrelets – alors là, pas question que la caméra filme ! Et surtout, j'avais peur du saut dans le vide. Et comme si ce n'était pas assez, dans de l'eau glacée. Brrr !

La peur est le seul obstacle qui se dresse en travers de notre chemin quand on veut faire ce qu'on aime. Les gens ont peur de voyager, d'essayer de nouvelles choses, de suivre leurs rêves. La peur nous retient de mener la vie qui nous est destinée.

Lucas avait sauté. Il pataugeait à présent au pied de la cascade et attendait que je saute à mon tour. Je me tenais debout au bord du rocher, et je n'y arrivais pas. C'était trop haut ! Je n'avais pas tâté l'eau, mais je savais qu'elle était très froide. J'ai bien cru que j'étais sur le point de mourir. Et le pauvre Lucas qui grelottait torse nu et me criait : « Dépêche-toi ! Saute ! ». Finalement, je sautai. Ce fut aussi froid que je l'avais imaginé. Mais, waouh ! la poussée d'adrénaline ! Quel pied ! Quand je suis sortie de l'eau, le réa m'a lancé : « C'était magnifique, et tes "chemollettes" étaient parfaites ! ».

Et voilà, de nouveau un commentaire sur mes poteaux ! C'était devenu une blague sur le plateau. « Je ne peux pas porter ces shorts ! On verra mes "chemollettes". » Ou bien : « Je ne peux pas manger ces beignets, toutes les calories vont descendre tout droit dans mes "chemollettes". » Le réa cherchait toujours à me rassurer en disant : « Il faut refaire cette scène, mais, tu sais, tes "chemollettes" sont parfaites. » Ou bien : « Bravo ! Je n'ai même pas remarqué tes "chemollettes". » J'étais sérieuse quand je disais chercher à voir les choses d'un point de vue positif. Si l'épaisseur de mes chevilles m'avait donné un complexe à une époque, j'avais tourné mon désavantage en quelque chose de plus léger. Et il faut bien avouer que c'est un mot rigolo. Donc, voilà mes "chemollettes" livrées à l'œil de la caméra, alors que je me trouvais au pied d'une superbe cascade, tout près de chez moi. Avouez, la vie aurait pu être pire !

La vie avait été pire ! À l'époque où nous avions quitté Nashville, elle avait même été très dure. Le club anti-Miley, constitué d'une bande de garces du collège, m'en faisait voir de toutes les couleurs. Depuis, nous étions revenus bien des fois à Nashville, mais à présent j'y réapparaissais sous les traits d'une star de cinéma patentée ! (Bon, je n'étais pas tout à fait une star de cinéma, puisque le film n'était pas encore terminé, mais c'était tout comme.) En me produisant avec les Cheetah Girls, j'avais eu l'impression d'avoir remis à leur place toutes ces pestes. Je n'avais plus rien à prouver. J'étais blindée contre toutes leurs méchancetés. Elles ne pouvaient plus me blesser puisque, grâce à Hannah Montana, c'est moi qui avais le pouvoir maintenant... le pouvoir de faire rire ! Dans mon petit coin d'univers, c'était l'équivalent du triomphe du Bien sur le Mal.

Je n'avais plus à me plaindre des tracasseries inventées par les garces du collège et j'étais ravie de retrouver mon pays natal. D'accord, je n'avais pas passé mon enfance à sauter dans des cascades glacées, mais ce retour sous le nom de Miley Stewart dans le Tennessee – chez Miley Cyrus –, c'était comme la réalité qui imite la fiction qui imite la réalité (pour reprendre la phrase tortueuse de papa). Cela me donne le tournis quand je compare la vie de mon personnage de Miley avec ma vraie vie, et ma vraie vie avec celle de Miley. *Hannah Montana* est une œuvre totalement imaginaire, et pourtant dans sa trame il y a un fil qui m'appartient, relié à mon univers et à l'enfance que j'ai eue auprès de mon papa artiste.

Dans le film, la chanson intitulée *The Climb* – l'ascension – capte à mon avis la magie du spectacle. Papa dit toujours que le succès est la réalisation progressive d'idées et d'objectifs dignes de respect. Cela signifie que la meilleure partie – la partie la plus excitante – est celle où vous vous rapprochez peu à peu de votre rêve. C'est-à-dire quand vous êtes en route, pas quand vous êtes arrivé au sommet. Par exemple, Carl Perkins, en nous voyant, mon papa et moi, chasser le lapin sans fusil, s'était exclamé : « Tout le plaisir est dans la chasse ! ». **Votre rêve est là, tout prêt, à portée de la main, pourtant pas tout à fait. Vous êtes tout entier tendu vers un but. C'est cela, aller plus haut, c'est cela, *The Climb*.**

À la fin du tournage, il y a eu une petite cérémonie où le réalisateur a annoncé à chaque acteur individuellement qu'il en avait terminé avec son personnage, après quoi tout le monde applaudissait. Ensuite, on a fait venir mamie, qui était restée assise dans son coin, par les temps les plus chauds, pendant les prises de vue les plus interminables. Tout le monde a applaudi ma mamie, et elle a eu droit à une ovation bien méritée. J'en fus très heureuse, comme si mes deux familles n'en formaient plus qu'une*.

* Go, mamie !

Le plus terrible des voyages

L'album *Breakout* sortit presque le lendemain de la fin du tournage du film. J'ai tout de suite commencé à promouvoir l'album et un autre film, *Bolt*, un film d'animation où je prêtais ma voix à une fille du nom de Penny.

Pendant la préparation de *Breakout*, j'étais allée au studio avec mes producteurs, Antonina et Tim, et leur avais déclaré que je préférais chanter du rock que de la pop. Eh oui, je voulais que cet album soit un succès, surtout que c'était le premier sans Hannah. Et puis je tenais à jouer ma musique à moi ! La musique que je voulais écrire*.

Aux 50es Grammy Awards, je devais présenter une récompense conjointement avec Cyndi Lauper. Nous

* Beaucoup de chansons sur ma rupture avec le prince Charmant ! Je suis humaine !

attendions *backstage* en bavardant entre autres des Stones – nous nous découvrions des tas de goûts communs. Puis elle m'a regardée et m'a dit : « Ce qu'il faut, c'est n'avoir peur de rien. Les gens gâchent leur vie par trouille. Attrape la lune au lasso, si tu veux, mais pas parce que quelqu'un t'a dit de le faire. » Ça a fait tilt. C'était exactement ce que je visais dans *Breakout*. J'ai trouvé Cyndi Lauper tellement cool que j'ai ajouté à l'album une reprise de *Girls Just Wanna Have Fun*.

Le moment de la promo était venu. Invitée à l'émission *Good Morning America*, je sautai à 7 heures du soir dans un avion à Los Angeles. Ma maman, ma sœur Brandi et moi avions droit à un avion privé. Je ne sais pas pourquoi, ni Brandi ni moi n'arrivions à dormir. L'excitation sans doute. On a écouté Bon Jovi et Coldplay, puis on a regardé le film *Juno*. Maman me disait tout le temps que dans quelques heures je serais sur le plateau de *Good Morning America* et que l'émission était en direct. Puis, découragée de parler dans le vide, elle s'est tue.

Nous avons atterri à New York à 3 heures du matin. Je devais être dans les studios de télé à 4 h 30 pour la coiffure et le maquillage. Nous avons pris nos chambres à l'hôtel et essayé de dormir une demi-heure. Toutes les trois. Dans le même lit. Ma maman fait un mètre soixante-douze, Brandi un mètre soixante-cinq. Je me suis blottie entre elles. Rien à faire, le sommeil n'était pas au rendez-vous. En plus, maman était tellement stressée qu'elle bougeait tout le temps. Ce n'était pas cool.

Ensuite je suis allée me faire maquiller et coiffer, et je suis arrivée pile au signal sonore sur le plateau de *Good Morning America*. Il était 6 heures du matin. J'ai chanté à 7. Tout s'est très bien passé. Le public m'a fait la fête. De toute façon, j'adore chanter. À 8 h 30, c'était fini. Après ça, il y a eu une demi-heure de « *meet & greets* ». C'est à ce moment-là que j'ai eu le coup de barre. Hélas, je n'allais pas pouvoir m'offrir une petite sieste : on m'attendait au *Today Show*.

Dans la voiture qui m'y conduisait, je me suis assoupie. Oh, le divin sommeil… J'aurais pu dormir des heures. Mais ce n'était qu'un bref trajet vers l'autre bout du quartier, dommage ! Deux minutes de roupillon, autant grignoter un petit bout de cookie : c'est horriblement frustrant ! Quoi, je n'avais pas le temps de me reposer, même quelques instants ! À 9 heures, on a enregistré l'émission *Today*. Je suis sûre que j'ai donné le meilleur de moi-même, mais j'étais dans un tel état de fatigue que je ne me souviens de rien. Pour ce que j'en sais, j'ai peut-être dit combien j'étais ravie d'interpréter le rôle de Honky, l'oie de concours d'Hannah Montana. Mortel ! Les interviews se sont succédé jusqu'à 11 heures. Ensuite, j'ai passé une heure à présenter un marathon pour la promo du film d'animation *Bolt*. Ohhh ! j'arrivais à peine à garder les yeux ouverts. Puis j'ai donné une dernière interview ; après quoi ma maman, Brandi et moi, on s'est engouffrées dans un taxi et on a filé à l'aéroport. Je regardai par la vitre arrière les paparazzi lancés à nos trousses. J'étais de retour à L.A. à 3 heures de l'après-midi, et au travail le lendemain matin. Surprise ! Surprise ! J'ai rarement été aussi malade.

Ce fut le jour le plus dur de ma vie, ou presque. Je sais que la promo, c'est important. Je me montre toujours le plus professionnelle possible, même si c'est éreintant. Alors, si je savais que j'allais être épuisée, pourquoi ne pas avoir dormi dans l'avion ? C'est la question à dix millions de dollars, pas vrai ? Ça valait le coup de voir *Juno* avec Brandi ? Je n'en étais plus très sûre le lendemain matin. Voilà le problème quand vous avez seize ans et des responsabilités de grande personne. Vous avez quand même seize ans* !

Je suis une gamine. C'est pourquoi nous n'avons assuré que la grosse pub et que, pour le reste, nous avons laissé l'album se défendre tout seul. C'était tellement bizarre de ne pas me donner à fond pour promouvoir mon premier album sous mon propre nom... J'en suis super fière et j'adore ce disque. Mais il a bien fallu se plier aux circonstances. Devant toutes ces choses qui se passent en même temps, toutes ces occasions qui s'offrent à moi, je dois veiller à rester saine d'esprit*. Un jour viendra – mes parents disent tout le temps ça – où il se passera moins de choses dans ma vie. Et quand ce jour viendra, je ne veux pas me sentir semblable à une coquille vide.

* Jusqu'à l'anniversaire de vos 17 ans !

* Dormir, manger, avoir de vrais amis, passer du temps en famille.

Questions sans réponse

Même si je n'ai pas assuré une promo agressive pour mon album, j'ai donné de nombreuses interviews, à la télé, à la radio et dans les magazines. Et j'ai beau m'acharner à ne dire que la vérité, il y a dans ce flot de paroles des points de détail qui sont faux. Pas faux parce que je mens ou que je me crois supérieure, mais faux parce que les gens me posent des questions auxquelles je suis incapable de répondre. S'ils me demandent : « Comment tu occupes tes loisirs ? », que répondre à ça ? Des trucs ! Je ne sais pas, moi. J'ai envie de leur lancer : « Et vous, comment vous occupez vos loisirs ? Devant l'écran de votre ordi ? Eh bien, moi aussi. » D'autres fois, ils m'interrogent : « Qu'est-ce qui t'a inspiré *7 Things* ? ». **Comme si vous ne le saviez pas !**

Tout le monde connaît la réponse, alors pourquoi me poser la question ? Ils tentent de me déstabiliser et de me mettre mal à l'aise, dans le seul but de recueillir une « interview *hot* ». C'est tellement dur de trouver une repartie à quelque chose du style : « C'est comment d'incarner Hannah Montana ? ». Celle-là, on me l'a posée au moins cent* fois. Oh, et puis il y a les intellos qui font mine d'être totalement perdus entre Hannah Montana, Miley Stewart et Miley Cyrus. C'est pas si difficile que ça. Regardez un épisode, et vous pigez tout.

* Mettons plutôt un million.

On me demande toujours : « C'est comment de travailler avec son papa ? ». Personne ne me pose jamais la question pour ma maman, qui est toujours là, pourtant. Elle est pour moi comme une sœur (et nous nous chamaillons aussi comme des sœurs, croyez-moi !), mais elle est toujours ma mère et elle me protège. De toute façon, s'ils m'interrogeaient à propos de maman, je ne saurais pas quoi leur répondre. Je vais vous avouer quelque chose. Elle s'en fiche, de mon job. La seule chose qui lui importe, c'est que je sois heureuse. Et elle est super douée, comme maman. Elle ne compte pas sur mon succès et ne vit surtout pas à travers moi. C'est une maman normale, une maman qui m'aime non pas en raison de ce que j'accomplis mais pour ce que je suis en tant que personne. C'est grâce à elle que j'ai pu garder la tête aussi bien vissée sur les épaules.

Maman fait tellement partie de ma vie quotidienne que j'ai du mal à l'en séparer pour décrire nos relations. Je lui ai téléphoné pas plus tard que tout à l'heure, par exemple, car, le week-end prochain, il va y avoir ma *Sweet Sixteen Party* et je panique complètement parce que je ne vais pas rentrer dans ma robe, tellement je suis énorme ! Maman est restée zen, comme toujours. Elle m'a dit : « T'inquiète pas. On l'ajustera. » Bon, ça c'est pour aujourd'hui... mais est-ce que vous vous rendez compte qu'elle est là tout le temps : pour remplacer mon poisson rouge, me présenter un trophée de pom-pom girls, me conduire de Toronto jusqu'en Alabama afin que je joue un petit rôle dans un film, me sortir de mon lit quand j'ai le blues à cause de ma peau, pour me soutenir en toutes circonstances, pour m'interdire de sortir, pour me consoler, pour m'aider à trouver ma voie ? Elle est mon modèle. Plus tard, c'est comme elle que je voudrais être*.

* O.K., ça vous pouvez en parler à maman.

Quant à la question sur mon papa et ce que ça me fait de jouer dans la même série que lui, elle est super dure. Je réponds toujours qu'il est mon pote et que, dès que nous quittons le plateau, on ne parle plus du boulot. J'ai prononcé ces mots, je ne sais pas, des milliards de fois ! Et c'est vrai en plus. Mais – comme pour maman – comment voulez-vous que je décrive mes relations avec lui en trois phrases ? C'est impossible. Je ne sais pas comment on fonctionne ensemble, tous les deux. Personne ne peut analyser ces choses-là. Voilà pourquoi je ne peux répondre à cette question en toute sincérité. D'ailleurs, on dirait qu'on me la pose rien que pour m'entendre lancer une ânerie qu'on pourra caser dans un article ou une émission de radio ou de télé. Il est inconcevable de condenser à ce point la vie d'un être humain. Mais j'ai besoin des journalistes pour promouvoir mon travail. Et ils ont besoin de moi pour promouvoir leurs magazines et leurs émissions. Donc il n'y a plus qu'à faire chacun du mieux que l'on peut. Je m'efforce d'être attentive et naturelle.

Mais à propos de papa…

Ovomaltine

Je vais profiter de ce livre pour vous dire combien j'ai un papa formidable. J'ai vraiment eu un bol incroyable. Bon, pendant mon enfance, il n'a pas toujours été là – il partait souvent travailler dans des villes lointaines, et on ne le voyait plus pendant un bout de temps. Quand j'étais petite, je ne comprenais pas, mais maintenant, si, totalement, puisque je fais exactement la même chose. Ma petite sœur, Noah, se plaint : « Pourquoi tu dois partir ? ». Mais moi je sais que là-bas le spectacle m'attend, et comme on dit en Amérique, quoi qu'il arrive, « *The show must go on* » ! Que ce soit *Hannah Montana*, une tournée ou un enregistrement, il y a d'autres personnes concernées. Elles comptent sur moi – et sur tous les autres. Je ne peux pas les laisser tomber. Sans doute est-ce une leçon qu'on apprend quand on commence à travailler. Ce n'est pas comme l'école. Si vous n'allez pas à l'école, c'est tant pis pour vous. Mais si vous ne vous pointez pas au travail, ce sont les autres qui trinquent, ainsi que leurs familles. Quand mon papa doit s'en aller, c'est qu'il n'a pas le choix.

Papa n'a jamais occupé un emploi de bureau. On essaye de prendre notre petit déjeuner et notre dîner en famille tous les jours, mais comme nos emplois du temps sont plus qu'irréguliers, ce n'est pas toujours possible. Dans mon enfance, dès qu'il rentrait à la maison, c'était génial. Pendant quelques semaines, nous étions le centre de son monde, et nous profitions de lui à cent pour cent.

Ce qui rend mon papa si spécial, c'est le temps que nous passons ensemble. Comment expliquer cette histoire de temps ? Mettons que nous sortions nous promener à cheval pendant deux heures dans la campagne autour de notre maison de Franklin. Je pourrais vous décrire notre parcours et ce que nous avons vu. Le ciel immense, bleu, splendide. Je pourrais vous rapporter les paroles que nous avons échangées, et combien nos silences étaient paisibles et chargés d'affection. Je pourrais même vous dire que mon papa aime me transmettre un peu de la sagesse de nos ancêtres, en me racontant des fables que j'ai déjà entendues des millions de fois. Il me dit aussi que, lorsqu'il était au faîte de son succès, il avait l'impression d'avoir les mains vides. Sa seule vraie richesse, c'est nous, sa famille, et cette ferme. Peut-être cela vous aidera-t-il à comprendre. Notre rituel du petit déjeuner, où il me sert mon Ovomaltine, est un détail mignon, mais cela ne suffit pas à illustrer mon propos. Peut-être devrais-je ajouter que papa souhaite qu'à son enterrement on joue la musique d'*Over the Rainbow*, parce que c'était le vœu de papi. Pour ma part, je voudrais que l'on danse sur cette chanson à mon mariage, afin de lui garder un côté joyeux. Cela dit, je ne sais pas si je crois au pouvoir des mots et de la musique pour exprimer tout ce qui se passe entre deux personnes. Ce que je peux espérer, c'est que ma description vous évoquera quelque chose de beau dans votre propre expérience de la vie.

Il y a eu dans les médias des rumeurs comme quoi papa et moi étions trop proches et trop tendres l'un avec l'autre. Alors que pour nous, cela n'a rien de bizarre. Et qu'est-ce que ça peut bien faire ? Je trouve chouette, au contraire, que nous soyons encore comme un père et une fille, que nous nous aimions, que nous n'ayons pas peur de le montrer, et que nous ne permettions pas à d'autres de nous dire quelle tête nous devons afficher quand on nous prend en photo ensemble !

Je dis que je m'en fiche, mais au fond ce n'est pas vrai. Je me sens blessée. C'est horrible de lire les vacheries qui s'écrivent sur Internet. Je ne prétends pas que tout le monde doit m'aimer, mais ces gens sont trop en colère, trop haineux, trop amers. En général, je les ignore ou j'essaye de ne pas me laisser atteindre par leurs médisances. Parfois, c'est pour eux que je m'inquiète ! Qu'est-ce qui les rend aussi affreux ? Qu'est-ce qui les pousse à écrire ces trucs horribles ? Pourquoi ne sont-ils pas plutôt en train de se promener avec leurs amis ?

Quand *Hannah Montana* est devenu populaire, je savais qu'il y aurait un tapage médiatique. Bon, d'accord, je n'avais pas prévu que des paparazzi ne me quitteraient pas d'une semelle ! Je sais, je sais, c'est compris dans le boulot. Devant les potins et les ragots, je fais le dos rond. La première rumeur me concernant, ce fut que j'étais enceinte. À quatorze ans ! Je me suis dit : *Faut-il être bête !* Je n'ai rien changé à ma vie. Je traite les professionnels des médias – y compris les paparazzi – avec respect. Comme des amis. Bah, il y a des périodes où je les vois plus souvent que mes vrais amis. De toute façon, ils ne s'en iront pas. C'est comme ça. Je vis avec.

J'essaye autant que possible d'être un modèle pour les autres filles, c'est pourquoi je trouve dommage que tant de gens trouvent intelligent de faire de l'argent sur mes erreurs. Je préférerais qu'ils n'en fassent que sur ce que je réussis. Lorsque j'ai appris qu'une photo sur laquelle j'embrasse quelqu'un (ni erreur ni réussite – juste un moment intime) pouvait rapporter 150 000 dollars, j'ai dit à Brandi : « Je te la posterai, comme ça tu pourras t'acheter une maison. »

La seule solution que j'aie trouvée tient en un mot : la bonté. Car, pour reprendre une idée de papa (ou plutôt de Newton), toute action entraîne une réaction tout aussi forte. En effet, dans tous les domaines, je vise toujours le positif.

Les canards laveurs

Après la tournée Best of Both Worlds, le tournage d'*Hannah Montana, le film*, la sortie de *Breakout*, le pire voyage de ma vie, après tout cela… vint le mois d'août. Je mourais d'envie d'avoir de grandes vacances bien méritées. De préférence sous les tropiques. Eh oui, je rêvais ! Le moment était venu d'attaquer la troisième saison d'*Hannah Montana*. Je suis donc retournée au travail.

Pendant l'été où nous avions tourné le film, Emily et moi nous étions rapprochées. Comme nous n'étions plus dans notre cadre habituel, les dissipées énergies entre nous semblaient s'être dissipées, ou du moins se maintenir sur « pause ». Puis nous ne nous étions plus parlé avant la reprise de la série. Pas parce que nous étions fâchées. Nous n'étions pas ce genre de copines, c'est tout. Nous nous étions bien amusées toutes les deux à Franklin, point barre. Quand nous nous sommes retrouvées pour la saison 3, il ne s'est rien produit de spectaculaire. Ce n'était pas comme si les « canards laveurs » de la maison abandonnée nous avaient fait boire la potion de l'amitié. Mais désormais, ça marchait entre nous. On se sentait complices, toutes les deux. C'était bien ? Non, c'était super !

Maintenant, Emily et moi, on se voit tout le temps. On est capables de passer quatre jours d'affilée ensemble. Je ne peux pas imaginer une fille mieux pour interpréter le rôle de Lilly. On est vraiment proches. On a mis le temps, vous me direz, mais c'est parce qu'on avait besoin de se mettre au diapason l'une de l'autre. Jamais on n'a eu une énorme dispute suivie d'une réconciliation spectaculaire, comme tant d'adolescentes. Nous sommes toutes les deux bien trop occupées pour nous offrir le luxe de scènes comme au théâtre. On travaille côte à côte, jour après jour. Nous sommes des professionnelles. Nous avions le désir de nous entendre, et de toute façon nous devions nous conduire de manière responsable vis-à-vis de la série et de nos carrières respectives. Alors, oui, pendant une période, je me suis contentée de maintenir la paix. Mais vous savez ce qu'on dit ? Quelquefois, si on garde la même attitude assez longtemps – par exemple faire mine d'être de bonne humeur alors qu'on est triste –, elle finit par s'incruster en vous. Eh bien, je crois qu'à force de chercher à me la concilier et à agir comme si j'étais son amie, j'ai fait en sorte que ça se réalise. Tout naturellement. Et une fois qu'on a assimilé cette notion, tout le reste a coulé de source. Cette amitié avec Emily se révéla donc une bonne surprise. Le plateau n'en devenait que plus agréable, maintenant que ma meilleure amie dans la série me donnait tout à coup davantage l'impression d'être vraiment une meilleure amie. D'ailleurs, je me sens bizarre quand j'essaye d'évoquer l'époque où il y avait des tensions entre nous. C'était bien nous ? Difficile à croire.

Du temps a passé, et aujourd'hui, quand je regarde Emily, je n'éprouve pas le moindre sentiment de rivalité ou de malaise devant tout ce qui nous rend différentes. Je vois au contraire quelqu'un qui a été à mes côtés pendant des coups durs aussi bien que dans la terrible monotonie de la routine, quelqu'un avec qui j'ai plaisir à traîner pendant mes moments de liberté.

Cela valait la peine, la peine de m'être battue, et d'avoir été tolérante. J'ai compris qu'il n'est pas nécessaire que mes amies soient comme moi. Car les gens qui sont les plus différents de vous présentent cet avantage qu'ils vous ouvrent de nouvelles fenêtres sur le monde. Ces amitiés-là ne sont pas évidentes au départ – je crois que c'était la première fois que je me donnais tant de mal pour quelque chose comme ça*. Peut-être est-ce une leçon que chacun doit recevoir à un moment ou à un autre dans sa vie. **Les amitiés qui exigent de vous un effort sont parfois celles qui vous apporteront le plus**.

* Non, à mon avis, ce n'était pas la peine que je me donne du mal pour les garces du collège.

Quand j'y pense, c'est entre autres ça, sans doute, qu'on appelle « grandir ». Surtout quand on est une enfant qui travaille comme une adulte… Je ne vois pas les journées passer. Je cherche à rendre mes relations avec les autres fortes, constructives, joyeuses et paisibles. J'ai une nature ardente et impulsive. Je raconte toujours tout ce qui me passe par la tête. Mais je commence à avoir conscience que mes actions ont un effet sur les autres. Dans ce domaine, j'ai un peu avancé, tout comme j'ai acquis un plus grand sens de mes responsabilités. Même quand je suis très fatiguée ou que je me tape un délire, je n'oublie pas qu'il y a des choses qui me dépassent, ni ce que j'attends de la vie. Je remercie Emily pour cette belle leçon, dont je suis encore loin d'avoir tiré tous les enseignements.

Le pont

Les relations sentimentales ne sont pas non plus de tout repos. Cela, j'en suis certaine. Mais elles aussi se transforment et s'épanouissent avec le temps.

La dernière fois que j'ai vu le prince Charmant, on s'est fait un câlin. J'ai fermé les yeux quelques secondes. C'était un drôle de câlin, et pourtant je ne voulais pas le lâcher. À cet instant, j'aurais voulu remonter le temps, revenir deux ans en arrière, quand la vie était différente pour nous.

Quand j'écris une chanson, j'essaye de raconter une histoire. Seulement, il arrive que l'histoire ne se laisse pas dire. Le « pont » en musique est un passage, ou une section entre deux parties de la chanson. Après le pont, on revient au refrain, mais avec davantage d'ampleur, en plus grandiose, quoi. À cause de ce qui s'est passé pendant le pont, on n'a plus la même sensation. Dès que vous entendez le pont, vous sentez que ça change et que le final est proche.

Il s'est produit dans ma vie un changement de tonalité. Je suis toujours en train d'escalader, et je m'interroge. Je suis tout à la fois blessée et furieuse et heureuse et pleine d'espoir. Le prince Charmant a été mon premier amour, et je lui garde une place dans mon cœur pour l'éternité.

Je me trouve entre deux couplets d'une chanson. Je sais à quoi ressemble le dernier. Je le sens qui arrive. Je suis prête à le recevoir. Mais pas encore tout à fait.

T'es pas obligé de m'aimer
Baby, *pour que je comprenne*
Rappelle-toi comme c'était bien
Je veux pas te voir triste
Sois heureux
Je vais pas te retenir
Si tu me dis pas je t'aime, babe,
Oui, il faudra que je m'en aille
Je suis assez grande pour dire
Pour nous deux :
Sois heureux.

Extrait de *Bottom of the Ocean*

Sheba

J'avais un an, ou deux, lorsque maman offrit à papa pour la fête des pères un chiot nommé Sheba. Papa, à cette époque, cartonnait à mort – il était arrivé au sommet ! Et puis, un jour, il a eu une illumination et s'est rendu compte qu'il n'allait nulle part en continuant sur cette voie-là. Il a laissé tomber sa carrière de musicien, et il a emménagé avec sa famille et Sheba dans la ferme de Franklin où il est devenu le meilleur des maris et le meilleur des papas. Ce fut un peu à cause de Sheba qu'il décida de rentrer à la maison et de tourner le dos à la célébrité. Papa adorait cette chienne, et elle le lui rendait bien. Elle est restée avec nous longtemps. Hélas, sa fin fut très triste. À cause d'une morsure de tique, elle a été paralysée, et puis s'est fait écraser par une voiture. Papa a eu beaucoup de chagrin. Cela s'est passé il y a très longtemps.

Voilà quelques années, au mois de juin, mes parents se promenaient dans Pasadena quand ils ont aperçu un magnifique chien noir qui leur a rappelé Sheba. Sa maîtresse était sans domicile. Elle avait un tee-shirt avec « ANGEL » écrit dessus. Maman et papa ont caressé le chien et engagé la conversation avec cette femme. Elle s'appelait Joanne. Elle leur a déclaré : « Je suis une chrétienne militante. Depuis mon divorce, je sens que ma mission est d'être dans la rue. Je suis une missionnaire. » Mon papa lui a demandé le nom de la chienne. Et Joanne a répondu... Sheba.

Sheba ! Mes parents furent touchés par l'histoire de Joanne et troublés par cette étrange coïncidence à propos du nom de ce chien ! Ils proposèrent un peu d'argent à Joanne, mais elle refusa en disant qu'elle avait été « appelée » à vivre dans la rue.

Ah oui, je ne vous ai pas encore parlé de la place qu'occupe la religion dans ma famille. Bon, vous savez que je vais à l'église le dimanche, mais la foi, à mon sens, c'est plus que ça. La foi, ça fait partie de chacun de nous, de notre pensée, de notre vie au quotidien. Cette rencontre avec Joanne – une personne si croyante – fut un moment très important pour mes parents. Dieu a toutes sortes de messagers, et il faut toujours être aux aguets.

Avoir la foi, c'est croire de façon assurée en quelque chose que l'œil ne peut pas voir et que la science ne peut pas prouver. Vous croyez parce que votre cœur vous dicte ce que vous devez faire et qui vous devez être. Votre cœur vous souffle la vérité.

Quelques jours plus tard, c'était la fête nationale du 4 Juillet. Nous n'avions pas de projet précis pour la soirée. Mes parents, si vous avez bonne mémoire, ne sont pas très forts pour planifier les choses. Il faisait chaud, et on se baladait dans Pasadena. Mon père fit allusion à la nouvelle Sheba en se demandant si elle avait aussi peur des feux d'artifice que l'ancienne. On chercha Joanne dans les rues, sans la trouver. Puis ma petite sœur – qui n'avait jamais rencontré cette dame – s'exclama : « Oh, regardez ce chien ! ». Elle montrait du doigt, de l'autre côté de la rue… Sheba et Joanne !

Cette fois, Joanne accepta les vingt dollars que mes parents lui offrirent. Papa lui proposa de l'emmener manger à la Cheesecake Factory. Elle avait peur de laisser son Caddie sans surveillance, ce qui me parut logique. C'était tout ce qu'elle possédait au monde. Elle n'avait rien sous clef. On a fini par monter la garde à côté de son Caddie pendant qu'elle allait se restaurer. Les passants nous regardaient de travers. On avait l'impression d'être des indésirables. Ce devait être terrible pour Joanne de subir ces regards tous les jours.

Joanne reparut chargée de Coca pour chacun de nous. On resta longtemps à bavarder avec elle. Elle nous confia que ces rues étaient son Afrique, son Indonésie. Sa terre de mission. Inutile d'aller dans un pays lointain. Joanne était intelligente et sereine. Il n'y avait chez elle pas l'ombre d'un ressentiment. Et elle connaissait bien l'Évangile. À la fin de la soirée, mes parents la supplièrent : « Laissez-nous vous aider à quitter la rue. Vous pourriez venir habiter chez nous. Ou on pourrait vous installer à l'hôtel et trouver une solution. » Joanne se contenta de sourire en disant : « J'espère que vous ne m'oublierez pas, mais ne vous sentez pas obligés de venir me voir. Ne vous inquiétez pas pour moi. Je suis heureuse. »

Elle disait la vérité. Deux mois plus tard, mes parents retournèrent à Pasadena, et elle était là, avec un tee-shirt « I LOVE JESUS » et son chien. Mes parents trouvaient inconcevable qu'on puisse choisir une existence aussi misérable, mais ils avaient foi en elle et étaient à l'écoute du message qu'elle avait à leur transmettre. Une personne qui a priori avait besoin de notre aide la repoussait résolument. Son cœur était plein d'amour. Elle était contente et ne voulait rien de plus. Dans un parc public, elle suivait sa vocation. Dieu veillait sur elle*. Comme disait mamie : « Toutes choses concourent au bien de ceux qui aiment Dieu » (Épître aux Romains 8 : 28).

* C'était peut-être un ange.

Maman a été élevée selon des principes religieux traditionalistes. Pendant longtemps, elle a fréquenté l'église uniquement parce que c'était ce qu'on devait faire. On y allait tous. Et puis on cherchait toujours des églises à visiter. Un jour, à l'époque où j'étais au collège, Brandi nous a emmenés dans une nouvelle église à Franklin. La People's Church. C'était beaucoup mieux. Pour nous, cela devint comme une deuxième famille. Les membres de la congrégation se sentaient responsables les uns des autres. L'église était un lieu où j'avais l'impression d'être en sécurité, où je ne risquais pas d'être jugée, surtout à l'époque où j'allais au collège. Pour la première fois, ma famille a commencé à prendre des décisions selon des critères religieux. J'ai le sentiment que nous avons une relation avec Dieu plus authentique qu'au temps où nous allions à l'église parce que c'était comme ça… La People's Church a ouvert mon cœur à la grâce. Je lui en suis profondément reconnaissante.

Dans notre église, de nombreuses personnes portent des anneaux de pureté, signifiant qu'elles s'engagent à rester « célibataires » jusqu'au mariage. Juste avant l'anniversaire de ses vingt et un ans, Brandi demanda à maman une de ces bagues, et maman lui en a acheté une. Brandi est indépendante de nature, elle sait ce qu'elle veut et ce en quoi elle croit. Elle est franche avec tout le monde, y compris elle-même. Je l'aime et je la respecte, et je la trouve belle à tous les points de vue. Nous avons toujours parlé ouvertement de son anneau et de ce qu'il signifiait. Lorsque le petit ami de Brandi (qu'elle a l'intention d'épouser) vient la voir, il passe souvent une semaine entière avec nous. Chaque soir à 11 heures, ils vont se coucher chacun dans sa chambre. Mes parents n'ont rien dit à Brandi. Si elle le fait, c'est par respect pour elle-même.

Quand j'arrivai à l'âge où je commençais à être courtisée par des garçons, je réclamai mon propre anneau de pureté. Ma maman m'en a offert un, gravé d'un cercle, pour symboliser l'union dans le mariage. Il y a un petit diamant serti au milieu du cercle, et quand je me marierai, on en fera ajouter un second. Mais jusque-là, il n'y a que moi. Et c'est bien.

Dans la presse, on lit des articles où on se moque des gens qui portent des anneaux de pureté, mais personnellement je m'en fiche. Qu'ils pensent ce qu'ils veulent. J'ai mes idées !

Je me fie aussi à ma foi pour mes choix de carrière. Je vous ai déjà raconté que ma famille considère qu'elle met un peu de lumière dans un monde très sombre. Eh bien, pour ce qui est de mon travail, je m'efforce de m'investir dans des projets dont je puisse me sentir fière. J'adore l'idée qu'*Hannah Montana* est une série non violente et de bonne qualité, qui apporte un peu de joie de vivre dans les foyers. Même si je commence à envisager des rôles plus matures et plus dramatiques, je compte rester en accord avec ce que je crois et ce qui correspond à une fille de mon âge. Je veux être un modèle pour les autres. Voilà pourquoi j'ai signé un contrat avec le scénariste Nicholas Sparks. Ses livres et ses films témoignent d'un sens moral élevé et d'une grande humanité dans les relations avec autrui. Avec lui, je peux accomplir quelque chose de sérieux, sans transiger sur mes valeurs.

L'endroit le plus heureux du monde

Je vous ai dit que je veux aider les autres, pas parce que je me sens coupable ou parce que j'ai fait un vœu, ou quelque chose comme ça, mais parce que je sens que c'est bien et que c'est nécessaire. Je sais, la fête de mes *Sweet Sixteen* fut un truc énorme, pas possible ! On a fermé Disneyland un jour de semaine : il y a eu cinq mille invités, chacun versant une contribution de 250 dollars rien que pour le privilège d'être là. Hep ! les filles qui m'en ont fait voir de toutes les couleurs en 6e, écoutez bien : des milliers de personne ont payé une petite fortune pour assister à mon anniversaire ! Bon, mais ce n'était quand même pas comme les délires des *Sweet Sixteen* sur MTV.

Avant de conclure que je suis dingue de faire payer aussi cher pour venir à ma fête, sachez ceci : j'ai réussi à verser un million de dollars dans la caisse de Youth Service America. Tout cet argent est allé à une bonne cause. Je sais que je me répète, mais si je me trouve sous les spotlights, donc si je détiens un certain pouvoir, j'ai l'intention de m'en servir de manière bénéfique.

La soirée de mon anniversaire avait été soigneusement chorégraphiée – je savais d'avance ce qui devait se passer, à quelle heure, à la minute près. Pourtant, il arriva quelque chose d'extraordinaire que personne n'avait prévu. Mon amie Lesley, depuis tant d'années ma camarade aux entraînements, était venue spécialement en avion du Tennessee pour mon anniversaire. Elle dormait chez moi. Juste avant de partir pour Disneyland, je lui confiai : « Je suis super heureuse ! Le seul truc qui pourrait rendre mon bonheur vraiment complet, ce serait que papi soit là aussi. » Lesley me consola doucement, puis me murmura : « Il est là. Il regarde. »

Vers la fin de la fête, pendant la réception qui réunissait les célébrités présentes, maman était censée me donner mon cadeau. Mais comme on avait pris du retard, elle me l'offrit alors que les célébrités montaient déjà en voiture pour la parade. Nous étions seulement un petit groupe composé de maman, Rich Ross et Adam Sanderson – les directeurs de Disney Channel. Ah, et j'oubliais tante Edi, la meilleure amie de maman. Nous étions en famille, quoi.

Maman m'avait préparé une super surprise : un maltipoo, un minuscule chiot tout blanc, croisement de bichon maltais et de caniche ! Un petit chien ! Le rêve ! Ah, pour une surprise ! Je ne m'y attendais pas du tout. Maman savait que je mourais d'envie d'avoir un chien. C'était bel et bien un rêve qui se réalisait.

Les animaux sont des créatures mystérieuses, captivantes, toujours étonnantes. Vous ne savez jamais vraiment ce qu'ils pensent, mais vous devinez ce qu'ils ressentent rien qu'en voyant leur réaction à votre contact. Leurs émotions sont sincères et sans ambiguïté. Un chien gémira quand il est fatigué. Ou lorsqu'il a faim. S'il est content, il vous fera un câlin. Quand il est ravi de vous voir, il vous lèche la figure. Il saute de joie et mordille vos chaussures quand vous rentrez à la maison. Les animaux vous traitent comme devraient vous traiter vos amis. Sauf que je n'ai aucune envie que mes amis me lèchent la figure ! Parfois, vous savez, vos amis sont tout excités de vous voir, mais se sentent trop embarrassés pour vous le montrer. Les animaux ne se croient pas supérieurs ou inférieurs à vous. Ils ne sont jamais gênés. Ils vous aiment, un point c'est tout.

Nous étions donc en train de jouer avec la petite chienne et de la prendre en photo quand maman susurra : « Sofie, regarde l'appareil, Sofie. » Je restai pétrifiée. J'eus l'impression que le temps s'arrêtait. Puis je bafouillai : « Sofie, mais c'est la chienne de papi ! ». Maman n'avait pas fait le rapprochement : le chiot était arrivé de chez l'éleveur déjà baptisé. Sofie avait été la bien-aimée compagne à quatre pattes de papi. La prunelle de ses yeux. Dans mon esprit, il n'y avait pas l'ombre d'un doute : c'était mon grand-père qui m'offrait cette adorable petite bête. Mon cadeau d'anniversaire de la part de Dieu intercédant pour papi. Très émue à cette pensée, je fondis en larmes. Je restai assise là devant tout le monde, les joues ruisselantes. Sofie se mit debout sur mes genoux et lécha mes larmes.

À cet instant, je me félicitai de savoir les célébrités en route pour la parade. Ce fut un moment si exceptionnel, si bouleversant, j'étais heureuse de n'être entourée que de proches. Sans oublier Pluto. Pluto le chien était là, lui aussi. (Une minute de silence en hommage à ceux qui portent ces costumes qui pèsent une tonne avec seulement des petits trous pour respirer.) Je suppose que le gars déguisé en Pluto faisait partie de la famille. Un gars ou une fille ? En tout cas, Pluto doit penser que je suis sacrément émotive. À dire vrai, jusqu'ici, dans les grands moments de ma vie, j'ai rarement pleuré ou manifesté un état de choc affectif. Mais ce soir-là, je n'arrêtais pas de m'écrier « Oh ! là ! là ! », et mes yeux se remplissaient à nouveau de larmes. Je n'arrivais pas à cesser de pleurer. Ce sont des instants inoubliables.

Ensuite, il y eut la parade. Les voitures ont roulé entre les trottoirs noirs de monde de Disneyland. Comme si je n'étais pas déjà assez émue, alors que nous avancions au ralenti, les gens hurlèrent mon nom en me souhaitant un joyeux anniversaire. Je ne savais pas comment réagir, car je me sentais gênée et un peu bête. D'un autre côté, j'avais l'impression d'être une princesse. J'étais revêtue d'une somptueuse robe champagne, cousue de minuscules cristaux, et chaussée d'escarpins bleu des mers du Sud ornés de perles de cristal... La pantoufle de Cendrillon, vous l'avez dit ! Et pourtant, c'était plus fort que moi... je me renfonçais dans mon siège. Maman me poussa du coude : « Chérie, adresse-leur un signe de la main comme une reine de beauté ! ». Je lui répondis : « Je me sens tellement stupide ! C'est si bizarre de penser que tous ces gens se sont déplacés pour me voir ! ».

C'était inhabituel chez moi, ce subit embarras. Moi qui avais chanté et dansé devant des milliers de personnes ! C'est que, cette fois, ce n'était pas pareil. J'avais l'impression de vivre quelque chose de personnel, d'intime. Je n'arrivais pas à croire qu'autant de familles étaient venues me manifester leur amitié et faire la fête avec moi. Il y avait des journalistes dans ma voiture. Ils voulaient m'interviewer. Mais j'arrivais à peine à desserrer les dents. J'ouvrais la bouche, pour la refermer aussitôt, prise d'un hoquet. Puis je me mis à rire de ma propre imbécillité. En fait, je riais et pleurais à la fois.

Le rire le plus bénéfique, c'est celui qui vous prend sans raison précise. C'est quand vous ne pouvez plus vous arrêter de rire. Vous oubliez alors tout le reste. Vous larguez le monde, vous lâchez prise – ce que nous devrions tous faire quelquefois.

Puis nous avons eu le « tapis violet ». Oui, violet ! J'adore cette couleur. Vous vous rappelez quand j'ai défilé sur mon premier tapis rouge, à la première de *Chicken Little*, et que personne ne savait qui j'étais ? Maintenant, le tapis se déroulait dans une couleur spéciale pour moi ! Waouh !

La vie que je mène me semble parfois tout ce qu'il y a de plus naturelle. Voir se dérouler devant moi des tapis rouges, je trouve ça normal. Car, même si j'adore ce que je fais – et j'adore ! –, il faut bien avouer que c'est quand même du travail, donc moins excitant que cela pourrait l'être. Mais le soir de mes seize ans, c'était beau à n'y pas croire. Magique.

Je sais, je vous ai déjà parlé du tapis rouge ; mais cette fois c'était différent, et pas seulement à cause du changement de couleur. Tous les gens qui m'entouraient étaient mes amis : Emily, Mitchel et Moises Arias (qui joue Rico). Anna Maria Perez de Tagle et Shanica Knowles (qui jouent Ashley et Amber) m'annoncèrent qu'elles s'étaient habillées en violet pour moi. Il y avait aussi Demi Lovato – et tant de gens de chez Disney qu'on aurait cru une réunion de famille. Entre deux interviews, j'ai eu le temps de bavarder avec mes amis et mes fans. Ce fut la partie amusante et reposante !

Puis vint l'heure du spectacle. Cela signifiait que je devait revêtir une autre tenue, bien entendu. Ma costumière, Dahlia, me tendit un gilet avec au dos les mots « *Sweet Sixteen* ». Cool ! Je sais que cela paraît bizarre de se produire sur scène à sa propre fête d'anniversaire, mais je me disais que les gens n'avaient pas payé chacun 250 dollars l'entrée pour rien ! Je tenais à les remercier !

Le spectacle commença sur Tom Sawyer Island. Papa fit mon ouverture. Il joua *Ready, Set, Don't Go* pendant qu'on projetait un montage photo et vidéo sur ma vie. C'était génial. Je ne me lasserai jamais d'écouter mon papa chanter cette chanson. Je sais pourquoi il l'a écrite, et chaque fois elle me bouleverse par sa justesse.

Ensuite, ce fut à mon tour de chanter, puis vint le moment le plus merveilleux : la remise du chèque d'un million de dollars par Disney au Youth Service America (YSA). En même temps, nous avons rendu hommage à dix « Service Stars » du YSA, des enfants extraordinaires qui malgré leur jeune âge n'épargnent pas leurs efforts pour rendre le monde meilleur. J'étais si enthousiaste que je sautais sur place comme une petite fille !

Après cette petite cérémonie, mes danseurs et moi, nous avons embarqué sur le bateau*. J'ai chanté encore deux autres chansons pendant qu'on descendait la rivière. Nous voguions au milieu de la foule. C'était super cool comme spectacle ! On flottait sur l'eau avec autour de nous une mer de visages et les lumières étincelantes de Disneyland.

* Bah, tout se passait si vite que c'était genre « ah oui, le bateau » !

Après le concert, je fis une pause pour me rafraîchir un peu et prendre une douche. J'enfilai une ravissante robe bleu pâle à paillettes, ourlée de plumes duveteuses assorties. On allait maintenant me souhaiter un bon anniversaire ! Ce n'était pas mon premier anniversaire. J'avait déjà soufflé mes bougies pendant qu'on me chantait *Happy Birthday* ! Mais je n'aurais jamais imaginé que cela m'arriverait un jour devant le château de Cendrillon et que mon gâteau serait géant, et le lauréat du concours « Dessinez un gâteau pour l'anniversaire de Miley », entouré de seize bougies de plus de trente centimètres de haut ! Quant à la fameuse chanson, c'étaient des milliers de voix qui l'entonnaient ! Je

« soufflai » mes bougies – elles étaient électriques, quelqu'un devait avoir la responsabilité de les éteindre à la seconde voulue. Dès qu'elles s'éteignirent, le feu d'artifice commença. Un feu d'artifice !

Comment décrire l'émotion qui s'est emparée de moi à cet instant ? C'était tellement grandiose que j'avais du mal à réaliser. D'ailleurs, je n'ai toujours pas réalisé ! Tout ce que je savais, c'était que jamais je n'aurais pu imaginer une fête d'anniversaire pareille. Ce fut une nuit incroyable, inoubliable ! Et en plus, nous avions servi une belle et grande cause. Celle des enfants ! C'était beaucoup plus important que mon anniversaire.

La fête se termina à minuit. Mes amis partis, le parc était désert, et fermé. Et j'eus le droit de faire toutes les attractions ! Non, je ne rêvais pas ! J'avais Disneyland pour moi toute seule. C'est le genre de privilège qui ne se présente qu'une fois dans une vie. Mais je me sentais tellement fatiguée, si vous saviez ! Après deux attractions, je me suis tournée vers maman et je lui ai dit : « Rentrons à la maison. » Et c'est ce qu'on a fait.

Quand rêve et réalité ne font qu'un…
Living the Dream

Je ne cours pas après les récompenses. Je ne cours pas non plus après l'argent. Ce sont des retombées agréables de mes efforts, mais ce n'est pas cela qui m'aiguillonne quand je donne le meilleur de moi-même dans mon travail.

Seule la passion me pousse à chanter et à jouer la comédie. J'adore la musique et le spectacle, j'aime penser que j'apporte du bonheur aux gens venus m'écouter et me regarder. Stevie Wonder est aveugle, mais peu importe si ses trophées brillent de mille feux ou sont d'ennuyeuses pierres sans éclat, du moment qu'il aime sa musique. Beethoven écrivait des symphonies même quand il n'entendait plus. Quand la vie vous prive de vos sens, et que vous continuez à aimer ce que vous faites, alors vous savez que c'était votre vocation.

* * *

Hébreux 13 : 5-6

« NE VOUS LIVREZ PAS À L'AMOUR DE L'ARGENT ; CONTENTEZ-VOUS DE CE QUE VOUS AVEZ ; CAR DIEU LUI-MÊME A DIT : "JE NE TE DÉLAISSERAI POINT, ET JE NE T'ABANDONNERAI POINT." »

Je sais que je gagne des millions ; mais tout cet argent va sur un compte mystérieux quelque part et je n'y pense même pas. Je travaille parce que c'est mon bonheur. Papi disait toujours : « Consacrez-vous à une activité qui vous rend heureux et vous n'aurez pas à trimer un seul jour de votre vie. »

Je n'ai pas un portefeuille plein de billets ni des cartes de crédit qui me permettent de m'acheter ce que je veux. C'est l'avantage d'être une enfant star : plus tard, quand j'aurai le droit de dépenser mon argent, je pourrai me retourner sur mon passé et me dire que j'ai longtemps été heureuse de suivre mes rêves sans contrepartie matérielle. J'espère ne pas avoir besoin de cette leçon, mais je suis contente de savoir qu'elle m'attend. **À la fin, tout ce que vous possédez, c'est ce que vous avez ressenti au long du chemin de la vie**. Ce sont les mots de papi et, maintenant qu'il n'est plus là, c'est papa qui les prononce. Vous n'arrivez pas au bout de la piste avec un sac à provisions et une liste des fêtes auxquelles vous avez participé. Les coupures de presse, même les albums, aucune de vos réalisations matérielles ne compte à la fin. Seuls comptent l'amour et le bonheur que vous avez connus et que vous avez su donner autour de vous.

Les gens me demandent parfois si j'ai l'impression d'avoir été privée d'une enfance normale. Et si je refaisais ma vie avec des « si » ? Est-ce que je prendrais les mêmes décisions, si en effet j'étais en mesure de repartir de zéro ?

Après tout ce dont j'ai été témoin (les enfances brisées) et tout ce que j'ai vécu (mes rêves devenus réalité), il ne me viendrait jamais à l'esprit d'avoir des regrets. Je sais que je ne fréquente pas un vrai lycée. Je loupe les matchs de foot et les bals de l'école. Je ne peux pas aller voir un film sans être reconnue, avec tout ce que cela implique.

Oui, il y a dans l'adolescence des trucs rigolos que je ne connaîtrai jamais. Et, bien sûr, il m'arrive

* Ce serait pareil si j'allais au lycée !

souvent de ne pas du tout avoir envie de me réveiller à 6 h 30 tous les matins*. Parfois, je me rends sur le plateau comme si j'allais en prison. Je fais certains sacrifices. Ma famille en fait d'autres, pour moi. Dans les moments de tranquillité, qui sont peu nombreux et éloignés les uns des autres, je pense à tout ce que je manque. J'y pense mais ne regrette rien. Je me dis que ça vaut largement le coup en regardant un épisode d'*Hannah Montana* à la télé, ou en écoutant une chanson qui à mon sens capte bien ce que je voulais dire, ou en offrant mon dernier CD à un enfant hospitalisé. Dans la balance, le bien pèse beaucoup plus lourd que le mal. Je n'ai pas le droit de me plaindre. D'ailleurs je ne le fais pas. Je ne peux pas m'imaginer me cramponnant à l'aspect négatif des choses dans ma vie, alors que tant d'autres, si belles, l'illuminent.

J'ai réalisé mon rêve à un âge précoce. Je le vis pleinement. Cela arrive à plein d'autres personnes. C'est juste que je suis différente des autres parce que mon rêve à moi s'est accompli avant que j'entre au lycée. Il y a dans mon cœur une profonde gratitude. Je sais combien j'ai de la chance. Je ne suis pas naïve au point de penser que tous les rêves finissent par devenir réalité pour tous les habitants de la planète où qu'ils vivent. **Mais je suis convaincue que vous ne réaliserez jamais votre rêve si vous ne tendez pas la main aussi haut et aussi loin que possible.**

Rêve avec Brandi

À la poursuite de vos rêves
Surtout écoutez votre cœur
Soyez pour les autres dans le ciel gris
Telle une brillante étoile
Ne cessez jamais de croire
Car un jour viendra
Où toutes les choses disparaîtront
Mais vos rêves, eux, resteront.

À toute chose, il y a une raison : *Things Happen for a Reason*

À l'époque où maman m'attendait, papa lui téléphona – il était en tournée. Il lui confia qu'il avait eu une vision. Une intuition. Papa se fie toujours à son oreille, pour la musique comme pour la vie en général. Il était persuadé que leur futur enfant était prédestiné à briller comme une lumière. « Tu sais quoi ? a-t-il dit. Je pense qu'elle devrait s'appeler Destiny Hope Cyrus. » Et quand l'intuition de papa s'exprime, tout le monde écoute. Mais dès que je suis née, je suis devenue « Smiley », puis « Smiley Miley », puis Miley tout court. Je crois que personne ne m'a jamais appelée Destiny. C'est pourquoi j'ai changé mon état civil en Miley.

Mes parents avaient la prémonition que mon destin (Destiny !) serait d'apporter de l'espoir (Hope !)

aux autres. Il est vrai que, pour le moment, peut-être parce que mes rêves se réalisent merveilleusement, j'ai l'impression d'être guidée par des puissances supérieures. En général, avant de se sentir une vocation, on a des hauts et des bas, des échecs et des réussites. Mon papa commença par faire de la boxe, puis il passa au football. Et voilà qu'un beau jour il se réveille avec ce rêve : il doit acheter une guitare pour gaucher et monter un groupe. La suite, vous la connaissez. J'ai su quelle était ma vocation à un âge précoce, ça ne me met pas pour autant à l'abri d'un échec.

Quand j'étais petite, mon papa disait que Thomas Edison avait échoué dix mille fois avant de réussir à fabriquer une batterie. Un jour, un journaliste interrogea le grand savant à ce propos, et il répondit : « Je n'ai pas échoué sept cents fois. Je n'ai pas échoué une seule fois, au contraire. J'ai réussi à prouver que ces sept cents méthodes n'étaient pas les bonnes. » **Comme quoi, pour réussir, il faut obligatoirement recevoir les leçons de nos échecs**.

Selon Mandy, pour la fille la plus chanceuse du monde, je n'ai vraiment pas de veine ! Je casse mes talons. Mon sèche-cheveux explose. Je reste coincée dans *Revenge of the Mummy* aux studios Universal, à Orlando. Je reste coincée dans *Splash Moutain* à

Disneyland, une demi-heure entière* ! Je suis sur le tapis rouge avec Taylor Swift et Katy Perry, et bah, voilà une abeille qui se pointe et qui pique… qui ça ? Moi, évidemment (pas de veine). Il y a quelques jours, je suis au centre commercial avec Mandy, et pouf ! mes règles ! Et pas de tampon (pas de veine). Puis la vapeur s'est inversée. Devant le distributeur à tampons, il m'en tombe quatre d'un coup dans les mains (veine !). Un peu plus tard, je tire vingt dollars d'un distributeur, il m'en donne soixante* (encore la veine !). Pour moi, ce sont les mauvais moments qui rendent vraiment agréables les bons. Attention, n'allez pas croire que je suis contente quand j'oublie mes dialogues ou que je rate mes enchaînements de danse. Seulement, lorsque jour après jour on doit surmonter des difficultés, on est mieux préparé quand surviennent les grandes épreuves de la vie.

* J'ai trop pas de veine dans les parcs d'attraction, sauf pour les anniversaires !

* J'en ai rendu quarante à la banque, bien sûr !

Je ne sais pas combien de temps je vais encore rester aussi célèbre. Dans quelques années, je ne me produirai peut-être plus dans des stades mais dans des petites salles. Quelle importance, tant que j'ai encore de l'inspiration et que je peux apporter du bonheur aux autres ? Je continuerai à pratiquer mon art. Comme je l'ai déjà dit à propos de l'anniversaire de mes seize ans : tant que les spotlights sont sur moi, je veux en faire le meilleur usage possible. J'ai la chance de pouvoir compter pour quelque chose dans ce monde. J'ai peut-être changé mon prénom, mais je n'ai pas refusé le destin que mes parents ont rêvé pour moi. Je ne n'ai pas envie de m'appeler Hope, qui signifie « espoir », mais je veux apporter un peu d'espoir à tous ceux que je rencontre. J'ai écrit une chanson intitulée *Wake up America* où je dis qu'il faut prendre soin de notre planète. Elle figure dans mon album *Breakout*, qui s'est déjà vendu à plus d'un million d'exemplaires. Quelles occasions avons-nous de rappeler à pareil nombre d'enfants que c'est leur planète et qu'ils doivent l'aimer et bien s'occuper d'elle ? Qu'il faut protéger notre avenir ? J'ai cette chance et j'en profite au maximum. Je rends visite à des enfants hospitalisés, à des écoliers, et j'espère les faire sourire, même si ce n'est qu'un instant. Et puis je veux contribuer à faire vivre des organisations plus importantes comme City of Hope et Youth Service America qui font vraiment la différence.

Comment pourrais-je avoir reçu à la naissance un nom comme Destiny Hope et ne pas croire qu'il existe une raison à mon succès ? La vie est pleine d'inattendu.

Rien n'est gravé dans la pierre. Je vous ai parlé de moi, mais je ne peux pas vraiment dire qui je serai demain. Il n'y a ni bien ni mal, ni réussite ni échec. Je ne vois pas la vie en noir et blanc. Je ne me conforme pas à une série de ou/ou : musicienne ou comédienne, rock ou country, sage ou rebelle. Les vrais choix ne sont jamais simples. Je comparerais plutôt ma vie à une histoire qui ne cesse de se dérouler, avec une alternance de jours ordinaires et de surprises qui viennent tout chambouler. Je ne me fixe pas de limites. Je cherche à faire au mieux. Je veux rêver en grand, mais j'ai conscience que les rêves se transforment.

Ce que je veux, qui je souhaite être, comment j'envisage d'occuper mon temps – je garde toutes les portes ouvertes. C'est cela, vivre. Je profite de chaque jour qui passe. Quand on adopte ce point de vue – et qu'on a seulement seize ans –, on éprouve l'impression de découvrir sa vie chapitre par chapitre. **Si j'ai un seul message à transmettre à mes fans, c'est qu'il faut s'efforcer de réaliser ses rêves, être bien ici dans l'instant présent et tirer le maximum de chaque seconde qui s'écoule. J'ai hâte de découvrir ce que demain me réserve, mais je ne veux pas non plus voir le sablier se vider trop vite.**

7 choses que je pourrais être quand je serai grande

1. Photographe
2. Chef d'orchestre
3. Professeur de musique
4. Écrivain
5. Compositeur pour le cinéma
6. Pilote
7. Promeneuse de chiens

Un nouveau genre de tournée

Comme je vous le disais*, depuis que j'ai commencé le film *Hannah Montana*, ma vie a pris des allures de montagnes russes. Pendant l'écriture de mon livre, j'étais en plein tournage, je travaillais sur les chansons de la bande-son et continuais à faire toutes les autres choses qui remplissent ma vie. J'étais submergée* !

* Désolée, je m'éloigne un peu du sujet parfois...

* Je ne veux pas dire qu'être occupé soit mauvais ! J'adore être débordée. Et même, quand il me reste du temps libre, je le comble. L'autre jour, je suis restée debout jusqu'à quatre heures du matin... pour ranger ma chambre ! Juste parce qu'il m'est impossible de ne rien faire.

Mais je me sentais, et je me sens toujours très fière de ce livre, et enthousiaste à l'idée de partir en tournée pour en faire la promotion. Il y avait tellement d'anecdotes que j'avais envie de partager ! Auparavant, j'étais déjà partie en tournée musicale et j'avais fait la promotion de mes CD et d'*Hannah Montana* ; mais un livre, c'est complètement différent. J'allais rencontrer des personnes qui désormais connaissaient des détails plutôt intimes de ma vie. J'allais entendre ce qu'ils en pensaient – les mauvaises choses comme les bonnes. Et c'était assez stressant, car j'allais devoir parler de tous ces trucs à voix haute, à la télévision et à la radio.

Ma mère savait que j'étais un peu sur les nerfs. Alors, comme toujours, elle m'a mise en confiance. Elle m'a rappelé qu'à travers mes chansons je partage en permanence des choses intimes avec mes fans.

C'est bizarre : même si je suis un peu dingue et que j'aime bien faire des choses idiotes – comme des vidéos, ou envoyer des messages par-ci par-là sur Twitter* –, je suis en fait assez secrète... surtout quand cela touche à l'écriture. Quand une nouvelle chanson me vient à l'esprit, j'aime rester seule pour l'écrire. Écrire des chansons a toujours été naturel pour moi. Les idées envahissent ma tête et font des étincelles autour de moi. Ensuite, un accord vient s'y fixer. Une rythmique se compose, et puis, pouf, une chanson ! Mais en général, cela me vient plutôt quand je suis seule. Quand je suis assise sous la véranda ou dans ma chambre, ou même dans le bus pendant une tournée.

* Enfin, je faisais ça avant...

Écrire un livre, c'était un peu pareil*. J'avais toujours quelque chose à dire. Comme vous le savez, j'aime bien parler. Mais dès le début, j'ai été obligée de sortir de mon cocon. Je ne pouvais pas faire tout ça toute seule, il me fallait poser des questions à ma famille, déterrer un peu l'histoire ancienne. Il y avait des trucs marrants, comme demander à mon père à quoi je ressemblais quand j'étais petite. Et des choses plus tristes, comme le souvenir de ma dernière conversation avec Papi. Tout n'était pas rose. Il me fallait garder en tête un seul chapitre à la fois, comme pour une chanson. En envisageant le livre de cette manière, j'avais beaucoup plus de facilités à mettre les choses en place. Une idée me venait pour un chapitre et je la laissais sortir* comme quand j'écris une chanson. Petit à petit, j'en faisais quelque chose de plus grand. Mais j'aime commencer petit. C'est un peu l'histoire de ma vie !

* Moins le rythme et les accords.

* Je ne dis pas que c'est parfait, mais j'ai essayé !

Revenons-en à la tournée. En même temps que la sortie du livre, on a commencé à travailler sur le premier single de la bande-son d'*Hannah Montana – The Climb** (je l'ai sans doute déjà dit). Et comme vous le savez tous, puisque j'en parle tout le temps, cette

* Ça vous dit quelque chose ?

chanson est super importante pour moi. Alors, parler de ça et parler du livre, c'était génial !

Même si j'étais un peu nerveuse à l'idée de parler du livre, ça m'a plu d'entendre les réactions des gens. Chaque personne a retenu quelque chose de différent, et c'est ça que j'aime dans l'écriture. Que ce soit une chanson d'amour, un poème ou un livre qui retrace votre vie jusqu'à ce jour, chacun le perçoit à sa manière. Pour certains, le fait d'être le souffre-douleur d'une bande de garces n'a aucune importance, alors que les mêmes sont horrifiés d'apprendre que j'ai été obligée de quitter mon Tennessee pour la Californie. Comme on dit, tout est dans l'œil de celui qui regarde.

Miley Cyrus, un livre ouvert

Il y a eu trois séances de dédicaces – à New York, à Los Angeles et chez moi, à Nashville. Franchement, je ne savais pas trop à quoi m'attendre. J'avais déjà fait des tournées, mais est-ce que ce serait pareil, et est-ce que les fans allaient faire la queue pour un livre ? Apparemment, oui. Quand je suis arrivée à la librairie à New York, la queue dehors faisait le tour du bloc… Incroyable !

À un moment donné, avant qu'ils ne laissent entrer les fans, j'ai jeté un œil par la fenêtre pour voir ce qui se passait dans la rue. Une longue file s'étirait sur le trottoir à perte de vue ! Et chacun tenait mon livre dans ses mains. Certains lisaient et souriaient. D'autres regardaient les photos. Mais ils étaient tous venus pour un livre que j'avais écrit. C'était un de ces moments magiques où l'on réalise tout le bien que l'on peut faire dans le monde. Je ne dis pas que mon livre est capable à lui seul d'éradiquer l'analphabétisme, mais si j'ai fait en sorte qu'un seul de mes fans ait lu mon livre alors qu'il ne lisait pas auparavant, alors c'est déjà fantastique. C'est à ces moments-là que je remercie Dieu le plus fort pour *Hannah Montana*.

7 choses que j'aime avec les livres

1. Ils peuvent me faire sourire
2. Ils peuvent me faire pleurer
3. Si je veux me prendre pour quelqu'un d'autre, ils sont là pour moi
4. La plupart du temps, ils finissent bien
5. Ils peuvent créer une réalité alternative
6. Ils peuvent m'apprendre des choses nouvelles
7. Ils peuvent saisir des instants que les photos sont incapables de fixer

Les dédicaces à New York et à Los Angeles, c'était franchement pas mal. Mais revenir dans mon pays et présenter mon livre à Nashville, ça, ce fut la cerise sur le gâteau. Je me retrouvais à mon point de départ, comme pour le tournage du film dans le Tennessee. L'occasion se présentait de montrer à ma ville à quel point je l'aime. De montrer aux gens que grandir à Nashville a vraiment fait de moi la personne que je suis aujourd'hui. Et à quel point cette ville est toujours dans mon cœur, à quel point c'est elle qui me fait garder les pieds sur terre, où que je me trouve. Tout était mis par écrit. Tout le monde allait le savoir, et cela me rendait si heureuse !

La librairie de Nashville était plus petite que les précédentes, mais je suis sûre que la foule était bien plus nombreuse (et plus agitée*). Il y avait des personnes que je n'aurais jamais pensé revoir. Un de mes anciens professeurs. Une ancienne camarade de classe, qui m'a dit qu'elle aussi avait eu la vie dure à l'école. Un autre groupe qui faisait partie d'une des organisations que je soutiens était là également. Tant de bonheur, tant d'amour, c'était bouleversant. Le temps a passé si vite…

* Pas surprenant ! Waouh, Nashville !

Vous le savez, je n'aime pas rester sans rien faire. Hé bien, en voilà un parfait exemple ! Non seulement j'étais là pour la dédicace, mais j'allais aussi faire une apparition-surprise au cinéma de Nashville, à une des séances du film *Hannah Montana*. Cela signifiait que j'avais encore un peu plus de papillons dans l'estomac ! Et si le public n'aimait pas le film ? Alors, vous savez ce que j'ai fait ? J'ai commandé une bonne dose de nourriture bien réconfortante du Sud : du poulet aux quenelles – un plat à base de poulet, de soupe aux champignons et de légumes, le tout recouvert de quenelles* –, et puis j'ai mangé. Il fallait me voir ! Autour de moi, tout le monde se préparait – on apportait des robes, et puis mon équipe de maquillage est arrivée, et moi j'étais là au milieu, en train de mastiquer. Je dois le dire, faire glisser dans son estomac une énorme portion de nourriture avant de devoir soi-même se glisser dans une robe de soirée, ce n'est pas forcément une bonne idée, mais hé, ça a marché ! J'étais rechargée à bloc, prête à redémarrer sur les chapeaux de roue, et alors que je me dirigeais vers le tapis rouge… les papillons ? ils s'étaient envolés.

* Que personne ne touche à mon poulet !

Pas encore *The Last Song* (« La Dernière Chanson ») !

Vous ai-je dit que je ne savais pas vraiment comment j'envisageais mon avenir* ? Hé bien ! en tout cas, je sais que les films feront partie de ma vie. Le tournage du film *Hannah Montana*, c'était quelque chose ! Travailler en équipe pendant des mois, puis voir le résultat à la sortie du film ? C'était génial ! Miley Stewart et Hannah Montana ressemblaient tellement à Miley Cyrus que si le film n'avait pas eu de succès, j'aurais eu l'impression que c'était moi que le public n'aimait pas. Mais ils ont adoré ! Alors, tout ce travail acharné, ces heures à répéter la même scène, encore et encore*, ça valait la peine !

Le tournage de *The Last Song* s'est révélé une toute nouvelle expérience. J'interprétais un nouveau

* Pourquoi pensez-vous que j'aie fait une liste des sept choses que je voudrais faire plus tard ? Je suis incapable de la raccourcir !

* Sérieusement, je crois que je pourrais chanter « Hoedown Throwdown » en dormant !

personnage complètement différent d'Hannah ou de Miley Stewart. Toutes les choses que j'avais apprises en tournant la série allaient me servir à nouveau : me mettre dans la peau d'un nouveau personnage, trouver le ton qui convenait, ressentir ce qu'elle ressentait. Mais alors que j'ai eu des années pour faire ça avec Hannah, je n'avais que quelques mois pour travailler sur *The Last Song*.

C'est un film de Nicholas Sparks. Et il l'a écrit en pensant à moi pour le rôle*. Alors je voulais être sûre d'offrir la meilleure performance de ma vie. Heureusement, je travaillais avec une équipe géniale… et j'étais à Tybee Island. Je vous en ai déjà parlé, je crois ?* Et dès que je suis entrée sur le plateau, j'ai vraiment eu l'impression d'incarner Ronnie Miller. C'est une fille qui tente de trouver sa place dans le monde, et je me suis accrochée à ça. Et le plus extraordinaire, c'est que tous les gens autour de moi se sont attachés à son personnage. On était comme une grande famille sur Tybee Island. Ma co-star Liam Hemsworth et moi, on jouait une scène sur la plage, et dès que le réalisateur était satisfait, paf ! je sautais dans l'eau en faisant la folle. Je vous l'ai dit, Tybee Island, c'est magique. Je crois que, là-bas, on s'est tous évadés un moment de la réalité.

* Pas de stress !

* Je rigole ! Vous savez que j'ai adoré cet endroit !

Je me sentais tellement triste que le film soit terminé que je n'avais pas envie de dire au revoir à ma nouvelle famille. Mais j'ai gardé de si bons souvenirs de ces quelques semaines... J'ai écrit des chansons géniales et j'ai vécu des moments extraordinaires.

Comme la fois où, après une longue journée de tournage, on est tous allés dans cette petite ville pour manger. Et moi, j'étais pleine de toute cette magie et de ces émotions. On s'est assis, puis on a remarqué un groupe en train de jouer. Je suis restée là un moment, profitant de la musique, et pour une fois j'avais l'impression que la Terre s'était arrêtée de tourner. Et puis j'ai entendu mon nom, et avant même de m'en rendre compte j'étais là-bas en train de chanter, dans ce restaurant sur cette île près de la côte de Géorgie ! Quel beau souvenir ! Ce sont de pareils moments qui ont rendu *The Last Song* si amusant à tourner. On ne savait jamais ce que la journée nous réservait. Parfois, il y avait d'énormes tempêtes et il fallait arrêter de filmer. D'autres jours, il y avait un soleil éclatant, et l'on n'avait qu'une envie, s'asseoir sur la plage. Mais j'imagine que c'est un peu ça, la vie, une série de tempêtes avant que le ciel ne s'éclaircisse. Et si l'on apprend à apprécier les deux, alors la vie est magnifique !

Postface
Avant de dormir

Quand mon papa me dit que chaque action entraîne une réaction tout aussi forte en sens inverse, il ne s'arrête en général pas à ce constat. Il me rappelle que la vie se compose d'une série de hauts et de bas, qu'il y a des montagnes et des vallées, et que cela est vrai pour tout le monde : les fermiers, les hommes et les femmes d'affaires, les ouvriers métallurgistes comme papi… Une chose est certaine : c'est plus facile de descendre que de monter. Mais au fond des vallées, on découvre ce que l'on est.

Mes parents prévoient tous les deux qu'un jour je n'aurai plus autant de succès. Maman dit que je profiterai mieux de la vie. Papa dit que j'aurai plus de temps pour digérer tout ce qui m'est arrivé. Mais moi j'estime que mon succès est une véritable bénédiction. J'adore mon travail. Si j'en ai moins, je ne sais pas comment j'emploierai mes heures d'oisiveté et mon trop-plein d'énergie, quoique sur cette question j'aie déjà quelques petites idées (voir les pages suivantes). Je deviendrai peut-être super bonne en calligraphie !

Même avec une fête d'anniversaire grandiose à la clef, je n'avais pas tellement envie d'avoir seize ans. J'aime me conduire en enfant. Je sais, il faudra bien tôt ou tard que cela s'arrête. Je ne sais même pas laver mon linge (ma maman me gâte de ce côté-là). D'un autre côté, j'ai des responsabilités d'adulte ; je travaille à plein temps tout en suivant une scolarité normale, j'ai des réunions, je dois me soumettre à des délais. Maman sait que j'ai besoin parfois d'être une petite fille, protégée par ses parents, chouchoutée, une petite fille que l'on conduit partout en voiture – même si j'espère avoir bientôt mon permis !

Bon, d'une façon ou d'une autre, il faudra bien que j'apprenne à m'occuper de mes vêtements avant de quitter la maison. Et vous savez quoi ? Je suis plutôt excitée à cette perspective. Parce que, quoi que je fasse, même si c'est charger une machine à laver, j'irai de l'avant, je construirai mon avenir – et devant moi, il y a encore des « miley » et des « miley »...

Post-postface

Dans la postface originale, j'ai écrit que j'avais peur de grandir. Mais je crois que c'est déjà fait, et que je ne m'en suis pas aperçue*... Je veux dire, pas vraiment. Je vous l'ai dit, j'ai encore du chemin à parcourir. Mais les expériences accumulées ces dernières années m'ont poussée en avant comme jamais je n'aurais pu l'imaginer. Je me suis assise sur la plage et j'ai appris à laisser des choses derrière moi. J'ai ouvert mon cœur et je suis retombée amoureuse. J'ai perdu l'amour, mais j'ai trouvé l'amitié. J'ai voyagé dans des pays étrangers, et je suis retournée chez moi, vers des endroits familiers. Et – vous pouvez être fiers de moi –, j'ai appris à faire ma lessive !

* Au moins j'ai ma propre voiture, maintenant !

Mais ce ne sont là que quelques leçons de vie. Seulement quelques kilomètres parcourus. Il me reste tant de choses à découvrir ! Certaines d'entre elles, je le pressens, vont me surprendre. Et vous savez quoi ? Je les attends avec impatience.

100
choses que je voudrais faire avant de mourir

1. ~~Voler en hélicoptère.~~ Fait
2. Descendre au fond de l'océan
3. Me marier/avoir des enfants
4. Monter sur la Grande Muraille
5. Sauter en parachute
6. Voyager en ballon
7. Visiter l'Europe mon sac sur le dos
8. Recevoir un Grammy Award
9. Aider personnellement à nourrir un autre pays
10. Rencontrer Isaac Pablo
11. Ouvrir une colo pour enfants handicapés
12. Attirer l'attention sur les grossesses à l'adolescence
13. Aller dans le cadre d'une « Peace Mission » en Afrique
14. Nager dans la mer Rouge
15. Payer les factures de mamie

16. Apprendre le surf
17. ~~Écrire l'histoire de ma vie.~~ Fait, non ? (pour l'instant !)
18. Organiser un concours de perruques pour les petits
19. Fêter mon anniversaire à Hawaii
20. Construire une école
21. Louer un cottage dans le Surrey
22. Concevoir des Uggs sans cuir ni laine
23. Lire la Bible du début à la fin – en cours
24. Voir une aurore boréale
25. Faire du shopping à Milan
26. Visiter l'Égypte et la tombe de Tut'
27. Visiter Jérusalem
28. Courir un marathon
29. Piloter un avion
30. Avoir le permis moto
31. Traverser le pays
32. Vivre en TX
33. Escalader le mont Everest
34. Vivre à l'étranger
35. Me trouver à deux endroits à la fois

36. Rendre visite à des enfants hospitalisés dans les 50 États.
37. Monter à cheval sur la plage !
38. Offir à ma soeur un chiot husky de Sibérie
39. Enregistrer un album country
40. Faire un disque Metal
41. Initier ma génération à Buddy Holly et le faire grimper jusqu'au top ten sur iTunes
42. Acheter la maison de papi
43. Aller à la pêche et attraper un poisson
44. Visiter les îles Fidji
45. Produire les disques de ma petite soeur
46. Faire construire pour mes parents une maison sur la plage à Seaside
47. Vivre dans une famille en Thaïlande et partager sa vie quotidienne
48. Creuser un puits en Indonésie
49. Inventer quelque chose... je ne sais pas encore quoi, ha ha !
50. Terminer cette liste et arriver à 100 !!!